Tout est possible

La collection *Numéro Une*
est dirigée par Agathe Cagé

www.editionsdelaube.com

ISBN 978-2-8159-4689-6

Élizabeth Tchoungui

Tout est possible

Entretien
avec Agathe Cagé

éditions de l'aube

Numéro une ?

Être « numéro une », ça veut dire quoi ? Être une pionnière, comme Isabelle Autissier et Catherine Chabaud, premières femmes à s'élancer dans le Vendée Globe, course autour du monde en solitaire sans escale ? Ou Gisèle Halimi, première voix féministe à entrer à l'Assemblée nationale en 1981 ? Ou encore Eugénie Brazier, qui a fait partie des premiers chefs triplement étoilés au *Michelin* en 1933 et a été le tout premier chef à obtenir deux fois trois étoiles ? Monter sur la première marche du podium, comme Megan Rapinoe, championne du monde de football 2019 avec la sélection américaine, sacrée meilleure joueuse et meilleure buteuse de la compétition, et Ballon d'or la même année ? Prendre la tête d'un pays, à l'image de Jacinda Ardern, Première ministre néozélandaise, ou d'une entreprise, à l'instar de Linda Jackson, la directrice générale de la marque Peugeot, et de Sheryl Sandberg, la directrice des opérations de Facebook ?

Comme ces femmes, Élizabeth Tchoungui est une pionnière, et même une pionnière dans l'âme. Elle a multiplié pendant vingt ans les premières dans l'audiovisuel français. Puis elle a choisi de mettre son expérience au service de la politique de responsabilité sociale et environnementale et de la philanthropie d'une grande entreprise. Elle est ainsi devenue en septembre 2020 directrice exécutive RSE, Diversité et Solidarité du groupe Orange et présidente déléguée de la Fondation Orange.

Son esprit de défricheuse et son envie constante et puissante de tracer sa propre voie lui ont permis d'être en 2001 la première journaliste africaine à présenter le journal international de la chaîne francophone TV5 Monde. Dix ans plus tard, en 2011, à l'âge de 37 ans, elle est, avec *Avant-premières*, la première femme à présenter l'emblématique magazine culturel de deuxième partie de soirée sur France 2, succédant ainsi à Bernard Pivot, Guillaume Durand et Franz-Olivier Giesbert.

Sa carrière télévisuelle éclectique a également amené Élizabeth Tchoungui à présenter le *JT des enfants* sur Canal J, *Les Écrans du savoir* et *Les Maternelles* sur France 5, le *Journal de la culture* sur France 24, chaîne d'information internationale en continu créée en 2006 dont elle a dirigé le service culture. Elle a aussi été à la tête du magazine *Afrik'Art* sur Canal+ Afrique et du programme consacré aux artistes contemporains du continent africain *Oh! Afric Art* sur France 2. À la radio, elle a animé le magazine musical de France Culture, *Sur écoute*, proposant chaque semaine une heure de voyage sonore sans frontières.

Le parcours d'Élizabeth Tchoungui, qui l'a conduite à emprunter des chemins multiples, est fait de grands défis et succès, mais aussi d'échecs qui l'ont marquée. Une volonté de fer et le soutien de proches bienveillants, son « grand village », lui ont permis de repartir de zéro après les moments difficiles et de dépasser les affres du manque de confiance en soi et du syndrome de l'imposteur auxquels elle a parfois été confrontée.

Elle a également, depuis l'enfance, trouvé dans la littérature un espace de liberté précieux. Elle publie en 2006 son premier roman, *Je vous souhaite la pluie*, puis en 2010 *Bamako climax*. En 2018, avec le récit *Le jour où tu es né une deuxième fois*, elle prend la plume pour raconter le parcours de son fils Alexandre, autiste Asperger, et le combat des parents d'enfants différents dans une société normative. Début 2021, elle cosigne avec Marie-Christine Gambart le documentaire *Autisme, mon enfant ma bataille*, diffusé sur France 5.

Élizabeth Tchoungui est, en effet, une femme de combats et d'engagements. Elle fait partie de la commission Images de la diversité au sein du Centre national du cinéma. Engagée dans le secteur associatif, elle siège aujourd'hui, après avoir été administratrice de l'ONG Action contre la faim, au *board* du Club XXIe siècle, qui promeut la diversité par l'excellence et l'exemplarité des parcours. Elle a récemment été nommée présidente de Capital Filles, association qui accompagne les jeunes filles des quartiers populaires et des zones rurales dans leurs choix d'orientation, leur fait découvrir des filières d'avenir et les aide à renforcer leur confiance en elles-mêmes et en leur avenir professionnel. La force de son héritage parental a nourri chez Élizabeth Tchoungui, née d'une mère originaire de la campagne tarnaise et d'un père camerounais, son refus des cadres et de l'assignation à résidence, son goût de la liberté et sa détermination à dépasser les obstacles.

Avant-propos

Comment entrer dans l'univers d'une femme dont on n'a pu faire connaissance que par écran interposé ? J'ai choisi, avant ma première rencontre non virtuelle avec Élizabeth Tchoungui, de le faire à travers sa plume et sa voix. Paradoxalement sans image, pour tenter de saisir la personnalité et la complexité de cette femme de télévision qui a fait le choix du grand saut dans un autre univers professionnel dès lors qu'elle n'a plus vu dans le petit écran de nouveaux sommets à atteindre.

Une première rencontre avec la voix, donc. Une voix *off*, celle qu'elle offre au documentaire *Autisme, mon enfant ma bataille*. Une voix porteuse de son combat et de celui de dizaines d'autres familles, qui constate, compare, analyse, revendique. Une voix posée sur des images et des histoires empreintes d'émotion qui magnifient des enfants, des femmes, des hommes dont notre société fait encore de la vie un combat. Une voix entrant alors de manière frappante en résonance avec l'appel que je venais de lancer, en publiant *Respect !*, pour une nouvelle éthique de la considération et de l'attention aux autres.

Une deuxième rencontre, ensuite, avec la plume d'Élizabeth Tchoungui. Une plume de romancière qui me fait découvrir le camfranglais dans *Je vous souhaite la pluie*, et je ne peux m'empêcher de penser à la place donnée par Christiane Taubira au créole dans *Gran Balan*. Une plume qui laisse transparaître son amour pour l'Italie et pour Rome, mais aussi son attachement au métissage et aux racines. La plume d'une mère qui raconte le parcours de son fils Alexandre dans *Le jour où tu es né une deuxième fois*. Une plume plus inattendue aussi d'autrice d'une nouvelle érotique dans le cadre du recueil *Volcaniques* publié à l'initiative de Léonora Miano.

Lorsqu'à la rencontre artistique succède le temps du face-à-face, la liberté de ton et l'envie de partager donnent le rythme aux échanges. Élizabeth Tchoungui nous offre de voyager de Rome à Yaoundé, de Paris à Bruxelles, des plateaux de télévision aux bureaux du CAC 40. Elle nous invite à remonter le fil d'une histoire qui prend tout son sens dans ses racines. Elle raconte avec sincérité les ambitions comme les doutes, les déceptions comme les Graals, les désirs futurs dont seuls les contours commencent à se dessiner. En assumant les hauts comme les bas d'une trajectoire qui devrait continuer à nous surprendre, elle se livre sur ce qui fait le sel de la vie.

AGATHE CAGÉ

Pionnière

Agathe Cagé. – Vous vous définissez spontanément et immédiatement comme une pionnière. Qu'est-ce qui a forgé chez vous cette conviction, qui donne presque l'impression d'être une ambition ?

Élizabeth Tchoungui. – Mon héritage parental. Le mot pionnier apparaît quelque part autour des années 1930, à la naissance de mon père, fils de planteur de cacao, dans un village de la forêt équatoriale, au Cameroun.

Aucun des enfants de la famille de mon père n'est scolarisé. Un beau matin, il a 7 ou 8 ans, ou peut-être un peu plus, quand il croise des cousins plus âgés du village voisin qui sont sur le chemin de l'école. L'établissement est à Lolodorf, à une vingtaine de kilomètres du village de mon père. Ses cousins lui proposent de les accompagner et mon père les suit. C'est assez surréaliste : il fait une fugue pour aller à l'école ! Il rencontre en effet tout de suite l'opposition de mon grand-père, qui le destine à planter du cacao comme lui. Mais il se trouve que mon père est brillant. Il obtient son certificat d'études à l'âge de 13 ou 14 ans. Une prouesse pour l'époque.

Mon grand-père estime alors que mon père est trop jeune pour devenir fonctionnaire, ce que lui permettait son certificat d'études. Il choisit de l'envoyer chez un cousin douanier à la frontière avec le Gabon. Ce dernier inscrit mon père au lycée de Libreville, qui est dirigé par des colons. Un beau jour, alors qu'il est en classe de cinquième, mon père est convoqué par le proviseur. Il se met à trembler, il se demande ce qu'il a fait ! Mais si le proviseur le convoque, ce n'est pas pour le sanctionner, c'est pour lui proposer de poursuivre ses études en France. Et voilà mon père, âgé de 14 ans, à bord du paquebot *Mermoz* qui le conduit en 1947 à Bordeaux. Pour mon père adolescent, la France est le pays des Lumières et de la lumière, car le pays de l'électricité. Un doute le saisit lorsque le paquebot traverse l'estuaire de la Gironde dans la nuit. Un matelot vient de lui dire qu'ils sont désormais en France et ce n'est, à ses yeux, pas possible, alors qu'ils sont plongés dans l'obscurité. Ce n'est que lorsqu'il voit enfin les lumières de la ville à l'approche de la capitale girondine qu'il comprend qu'il est bien en France.

Mon père suit sa scolarité au lycée Montaigne à Bordeaux puis à Sciences Po à Toulouse. Il est ensuite admis à l'École nationale d'administration. Il en sort en 1961, juste après l'indépendance du Cameroun. Mon père était un véritable pionnier. Pionnier dans sa famille par les études, pionnier de son pays, car à l'époque il n'y avait que deux Camerounais à l'ENA. Pionnier car, de retour au Cameroun, il fonde la diplomatie camerounaise. Donc le mot pionnier prend ses racines pour moi dans l'histoire de mon père, dans les années 1930, quelque part dans le Sud-Cameroun.

Agathe Cagé. – L'histoire de votre mère a-t-elle également été structurante pour vous ?

Élizabeth Tchoungui. – Absolument. L'histoire de pionnier camerounais de mon père a son pendant en France, dans la campagne tarnaise, où naît ma mère en 1937. Mes grands-parents maternels étaient paysans, ils s'étaient arrêtés au certificat d'études. Ma mère et ses frères vont être la première génération de la famille à poursuivre des études, à aller en pension. Ma mère va entrer à l'École normale. Une pionnière, elle aussi !

Mes parents m'ont inconsciemment transmis cette fibre défricheuse qu'ils avaient en partage, ce goût d'ailleurs et des autres. Ils ont également été l'avant-garde dans leur couple, leur métissage. Au début des années 1960, un couple mixte, en France comme au Cameroun, c'était le scandale, une histoire d'amour interdite ! Ma mère comme mon père ont d'abord subi le rejet de leurs familles respectives.

C'est dans cette histoire, dans ces histoires maternelle et paternelle, que naît mon goût d'être une éclaireuse. Ce besoin prend la forme chez moi non seulement d'un attachement à ouvrir des chemins non balisés, mais également d'une volonté constante de dépasser les obstacles et de refuser l'assignation à résidence.

Cet esprit pionnier, je l'ai toujours, pour le meilleur. Ma nouvelle expérience professionnelle en tant que directrice exécutive Responsabilité sociale et environnementale, Diversité et Solidarité du groupe Orange s'inscrit dans cette lignée. Il n'y a encore que 24 % de femmes dans les comités exécutifs du CAC 40. Je suis la deuxième femme à avoir des origines africaines au sein de ces Comex. Et mon parcours de journaliste est très atypique dans ces cimes du pouvoir économique !

Agathe Cagé. – Ces modèles familiaux de défricheuse et de défricheur auraient pu aussi représenter pour vous une forme de pression à réussir un peu lourde. Vous les avez au contraire appréciés comme une sorte d'appel positif au dépassement de vous-même et des cadres que d'autres ont pu vouloir penser pour vous…

Élizabeth Tchoungui. – C'est exactement cela. Mon père est décédé en mai dernier. Il a été enterré dans son village du Sud-Cameroun, dans le respect de tous les rites traditionnels camerounais, qui sont d'une très grande puissance consolatrice. Il y avait plus de mille personnes, des membres de tous les villages voisins étaient là. Nous étions installés dans la cour de la maison, puis on m'a dit de prendre ma chaise et, avec les membres de la famille proche, nous avons quitté la maison pour nous enfoncer dans la brousse. Nous nous sommes alors assis sous les arbres et une palabre a débuté pour essayer d'élucider le mystère du surnom qui avait été attribué à mon père, dans sa langue, l'ewondo.

Ce surnom, « Asselna », peut se traduire en français par « L'insaisissable ». L'insaisissable, c'est d'abord celui qui a échappé à son destin : qui a glissé très loin, très haut ! C'est peut-être aussi celui qui n'a pas saisi sa chance jusqu'au bout. L'extraordinaire parcours de mon père, sa formation, ses premières responsabilités au service de l'État naissant du Cameroun, au lendemain des indépendances, aurait pu en faire un possible prétendant à la présidence. Mais il a été à plusieurs reprises malmené dans sa carrière et cette opportunité ne s'est jamais présentée. D'où, peut-être, le sens de ce surnom.

Mais l'insaisissable, c'est peut-être aussi celui qui ne rentre pas dans le cadre qu'on lui a imposé. Cette hypothèse me parle avec force parce que c'est quelque chose qu'inconsciemment mes parents m'ont transmis. Ce refus des assignations et des cadres, cette envie d'être là où personne ne vous attend. Parfois par esprit revanchard, car j'ai connu beaucoup d'obstacles dans mon parcours. Souvent, tout simplement, par goût de la liberté.

Agathe Cagé. – Vous avez vécu, tout au long de votre enfance et de votre adolescence, aux États-Unis, au Cameroun, en Belgique, en Italie, en France. Vous avez ainsi pu découvrir de multiples cultures et de multiples pays. Est-ce que ce parcours a contribué à développer votre sentiment d'avoir toujours le choix ? À quels moments avez-vous été confrontée à ces cadres contraignants que vous mentionnez ? Quand les avez-vous ressentis pour la première fois ?

Élizabeth Tchoungui. – La contrainte est arrivée pour moi avec l'entrée dans le monde du travail. Mes parents nous ont transmis, à mes deux sœurs et moi, un mantra : nous pourrions choisir les études que nous voulions, à condition qu'elles nous rendent indépendantes. Ne jamais dépendre d'un homme ! C'est un viatique pour la liberté qu'ils nous ont insufflé !

Pour devenir journaliste, j'ai été reçue dans la meilleure école de France, l'École supérieure de journalisme de Lille, dont je suis sortie major de promotion. Un choix de roi s'est alors offert à moi, un contrat à durée déterminée chez TF1 ou chez France 2. Bien qu'on m'ait dit que c'était plus difficile d'y transformer l'essai, j'ai choisi TF1, car c'était la plus grande rédaction d'Europe.

J'entre au service politique de la chaîne âgée de 21 ans. Le jour où je pénètre dans l'open space de TF1, je réalise que je suis la plus jeune, que je suis la seule métisse et que je suis une femme. Je prends conscience de tout ceci alors que cela n'avait jamais été un problème pour moi jusque-là et que la méritocratie avait toujours été ma pierre angulaire. Les difficultés commencent tout de suite. On se délecte de m'envoyer faire des sonores de Jean-Marie Le Pen, jamais des reportages entiers. Or, je vois bien que certains débutants sortant d'écoles parfois moins cotées que la mienne s'en voient confier. C'est une expérience très violente pour moi. Elle s'arrête à la fin de mon contrat.

Agathe Cagé. – Comment poursuivez-vous votre carrière de journaliste ?

Élizabeth Tchoungui. – Les propositions que je reçois dans ces années-là sont tout sauf du journalisme ! On me propose par exemple de présenter la météo ou de co-animer des jeux. La météo, c'est bien pour une « fille du soleil », le jeu, car je pourrais être une « jolie potiche ». On me propose également une émission musicale, car c'est bien connu, les Africains ont le « rythme dans la peau ».

Je me retrouve à cette époque confrontée à des contraintes multiples. C'est une période compliquée professionnellement. J'ai beaucoup de mal à tracer mon chemin à cause des assignations liées à mon sexe, à mon âge, à ma couleur de peau. Alors qu'avoir un physique perçu comme agréable peut être un atout, je le vis soudain comme un fardeau, car j'ai l'impression qu'on ne me prend pas au sérieux à cause de lui. Je ne suis pas mannequin, je suis journaliste et j'aimerais faire du journalisme !

Heureusement, mon esprit pionnier m'offre une belle opportunité. Je présente à partir de 1997 le *JT des enfants* sur Canal J. C'est alors le premier journal télévisé de France destiné aux enfants ! Expliquer l'OMC, le Sida ou le conflit au Kosovo n'était pas une mince affaire. Je me suis arraché quelques cheveux, même s'il en reste beaucoup ! Après quelques mois, je suis repérée par la chaîne d'information en continu LCI pour passer un casting. J'ai 25 ans et en finale, je suis la seule présentatrice métisse. Sur la dernière *short list*, je me retrouve avec Anne-Sophie Lapix, qui obtient le job. Le DRH de la chaîne, que je remercie pour sa transparence, m'a dit qu'il était vraiment désolé, mais que le patron avait estimé que j'étais « une prise de risque ». C'est la deuxième grosse claque que je me prends, après celle des mois passés quelques années plus tôt dans l'open space de TF1.

Agathe Cagé. – Quelle direction choisissez-vous de prendre à ce moment-là ?

Élizabeth Tchoungui. – Malgré son succès, à la faveur d'un changement de direction, d'un rachat, je ne me souviens plus, ces valses sont tellement fréquentes à la télévision, le *JT des enfants* de Canal J s'arrête. Par peur du vide, j'accepte une émission d'*infotainment*, *Rince ta baignoire*, sur France 2. C'est une émission pour les jeunes, devenue culte car très avant-gardiste. Elle réunit une bande qui fera du chemin : Jérôme Commandeur, Marie Drucker, Arnaud Ngatcha, qui siège aujourd'hui au comité de direction de France Télévisions et est adjoint à la maire de Paris chargé de l'international.

Rétrospectivement, je suis fière d'avoir fait partie de cette aventure. Mais sur le moment, à une époque où on ne tolérait pas le mélange des genres à la télévision, ce choix est difficile. Inconsciemment, même si je ne me le suis jamais explicitement formulé, en tant que journaliste de télévision, le but ultime, pour moi, c'était la présentation du *20 heures* de TF1 ou d'« Antenne 2 », le nom de France 2 au siècle précédent. C'est un rêve auquel je dois renoncer. Faire de l'*infotainment* me ferme définitivement les portes du *20 heures* et je le sais. J'ai traîné longtemps cette frustration, jusqu'à ce que je comprenne que je devais apprendre à faire la part des choses entre mon besoin de reconnaissance et ce que j'aimais vraiment faire: du magazine, des documentaires, des émissions culturelles.

La vie prend d'ailleurs parfois des chemins de traverse. J'ai en effet fini par présenter un journal télévisé! Je l'ai fait, ce qui a augmenté encore ma satisfaction, en étant une pionnière: première femme d'origine africaine à présenter le journal sur TV5 Monde! Les audiences en Afrique étaient incroyables, j'avais l'impression d'être Claire Chazal quand je voyageais à l'époque sur le continent.

Agathe Cagé. – Comment vivez-vous cette reconnaissance du public?

Élizabeth Tchoungui. – Avec une grande fierté. À défaut d'être reconnue en France, j'étais connue et reconnue en Afrique, mon autre chez-moi, mon continent de cœur! C'était particulièrement gratifiant. Que ce soit à Bamako au Mali, à Ouagadougou au Burkina Faso, à Douala au Cameroun ou à Dakar au Sénégal, les retours extrêmement positifs des téléspectateurs me portaient. Internet était encore balbutiant, la seule fenêtre vers l'ailleurs était la télévision. Je ressentais que le public, masculin comme féminin, percevait que, pour une femme d'origine africaine, cela n'avait pas été évident d'en arriver là. Je ressentais qu'il était fier de ce que je représentais. Cela a compensé toutes les frustrations que j'avais pu connaître. Cela disait la conscience, sur le continent, des discriminations auxquelles sont confrontées, sous nos latitudes européennes, les personnes d'origine africaine, mais aussi la possibilité de les dépasser. Se dire que l'on contribue à écrire une autre histoire que celle figée d'un rapport colonial, une histoire de réussite, une histoire plus fraternelle, c'est une récompense magnifique.

J'ai comblé mon besoin de reconnaissance à travers la présentation du journal télévisé sur TV5 Monde, mais j'ai également pris conscience, par la même occasion, que le JT n'était pas mon exercice préféré. C'est à travers les émissions culturelles que je m'épanouis le plus. La culture, ce sont à la fois des formats beaucoup plus libres et des rencontres extrêmement enrichissantes avec les saltimbanques et tous ceux qui pensent différemment !

Agathe Cagé. – Vous vous fixez alors un nouveau défi professionnel ?

Élizabeth Tchoungui. – Je savais que je ne présenterais pas la grand-messe hexagonale du *20 heures*, mais l'esprit pionnier était toujours là. Je me fixe donc un nouvel objectif : devenir la première femme à présenter le magazine culturel de deuxième partie de soirée sur France 2, case emblématique depuis Bernard Pivot et *Apostrophes*, la grand-messe des esprits libres. Et je me donne les moyens d'atteindre cet objectif en construisant ma carrière de manière à mettre toutes les chances de mon côté.

De 2001 à 2006, je présente sur France 5 un magazine culturel formidable, qui s'appelait *Ubik*. C'était une émission hebdomadaire éclectique qui portait une vision de la culture ouverte, non élitiste, un Objet Culturel Non Identifié tout sauf germanopratin. *Ubik* naviguait de la danse au rap, de la BD aux musiques indé, un vrai bouillon de culture, pour reprendre le titre d'une autre émission de Bernard Pivot. Quinze ans après, on me parle encore de cette émission, de sa vision démocratique, gourmande et sans frontières de la culture. Mais en 2006, l'histoire se répète : changement de présidence à France Télévisions et, pour une obscure raison politique qui n'a rien à voir avec le succès critique et l'audience, d'hebdomadaire, l'émission passe à un rythme mensuel. S'il y a une chose que je ne supporte pas, c'est l'injustice. Alors je pars.

Je pars à l'aventure pour rejoindre l'équipe qui va mettre en orbite France 24, la chaîne française d'information internationale, celle qui va porter la voix de la France, une alternative à CNN, BBC World et Al Jazeera. Je pars pour une chaîne sur laquelle personne ne mise un kopeck à l'époque, la décrivant comme une lubie de Jacques Chirac. Moi qui m'intéresse à la géopolitique, j'y vois au contraire un extraordinaire outil de *soft power*, un espace ouvert aux dialogues des cultures, à l'expression de voix plurielles.

Participer au lancement d'une chaîne est particulièrement excitant ! On me confie le service culture en me laissant carte blanche. J'ai ainsi eu la chance de tracer le sillon de la culture sur France 24 et d'y présenter pendant trois saisons *Le journal de la Culture*, en anglais et en français. Lady Gaga a fait sa première télé française sur mon plateau ! Elle était alors inconnue en France. Je l'ai vue arriver, son charisme planqué derrière de grandes lunettes bleues, et je me suis dit : « Wow, c'est la nouvelle Madonna, elle ira très loin cette petite ! » Mon intuition me trompe rarement.

Agathe Cagé. – Le service culture de France 24, c'est une étape importante pour atteindre votre objectif de devenir la première femme à présenter le magazine culturel de deuxième partie de soirée sur France 2 ?

Élizabeth Tchoungui. – Avec France 24, je pense avoir consolidé ma légitimité côté culture. Mais je sais également que je dois encore gagner mes galons dans l'animation d'un talk-show pour pouvoir animer celui de deuxième partie de soirée sur France 2. C'est une mécanique bien rodée, distribuer la parole, trouver le bon rythme, le ton adéquat. Un exercice qu'il faut apprendre à maîtriser. C'est pour cela que je saisis en 2009 l'opportunité de présenter l'émission phare de France 5, *Les Maternelles*. Je venais de donner naissance à mon premier enfant, ce qui tombait très bien, car il faut être maman, ou papa, pour présenter cette émission ! *Les Maternelles*, une bulle de bienveillance et de convivialité : les deux forces de ce programme culte. Une parenthèse enchantée.

Cette émission, qui a fêté ses vingt ans, continue de marcher car elle est unique : le public, les « primipares » – quel vilain mot pour une si belle aventure ! –, se renouvelle mécaniquement. C'est un vrai programme de service public : on aide les parents à devenir parent, le métier le plus difficile au monde. Les présentatrices qui se sont succédé lui ont chacune donné une tonalité. Moi, j'étais la première journaliste, la seule d'ailleurs, aux commandes de cette émission. Je l'ai vue comme un observatoire social passionnant : la manière dont on traite les questions de parentalité, d'éducation, en dit long sur notre société. C'est cette émission qui a aiguisé ma conscience féministe, d'abord parce que les parents que nous recevions étaient presque tous des mères. Où étaient-ils donc, les pères ? Considèrent-ils que la petite enfance reste le territoire des mères ? Où sont-ils lors des dépressions post-partum ? Pourquoi les femmes assurent-elles encore 80 % des charges domestiques et parentales, sans parler de la charge mentale ? Pourquoi, lorsqu'une émission traitait du handicap d'un enfant, n'y avait-il que des mères parce que les pères avaient fui ? Pourquoi la maternité heureuse devenait un piège parce que souvent elle nous pénalisait dans notre carrière, parce que souvent il était difficile de tout concilier, mais malvenu de l'admettre ? Ces années-là, outre l'émission, j'ai écrit des billets d'humeur bien gratinés pour le site *aufeminin.com*, et j'en ai fait un livre. C'est un peu triste de constater que dix ans plus tard, il n'a pas pris une ride : la condition féminine n'a pas beaucoup changé.

Je présente *Les Maternelles* pendant deux saisons puis, à force de dire aux décideurs et influenceurs du moment chez France 2 que j'y pense en m'épilant, à force de leur montrer mon bilan, à force de leur prouver par A + B ma légitimité, je décroche mon Graal, la présentation du magazine culturel de deuxième partie de soirée. On est en juin 2011. J'ai exulté pendant trois mois. Puis je me suis pris la troisième grosse claque de ma vie professionnelle.

Rebondir

Agathe Cagé. – En 2011, vous obtenez donc ce qui est à vos yeux votre Graal en présentant, à partir de la rentrée de septembre, l'émission culturelle de deuxième partie de soirée de France 2. Comment se transforme-t-il en quelques mois en « claque », pour reprendre votre expression ?

Élizabeth Tchoungui. – L'émission s'appelait *Avant-premières.* Elle prenait la suite sur France 2 du programme *Semaine critique !* animé par Franz-Olivier Giesbert et, avant lui, de *Bouillon de culture* de Bernard Pivot, bien sûr, mais aussi de *Campus* et d'*Esprits libres* de Guillaume

Durand. L'idée était de proposer, avec mes chroniqueurs, un magazine réellement multiculturel, dans lequel on parlait de livres, de cinéma, de théâtre, de musique, mais également de bande dessinée, de photographie, d'expositions, de design, d'architecture et même, à l'occasion, de gastronomie ! Une performance musicale en live en assurait le final. Nous dévoilions également les coulisses du monde culturel. Je voulais que cette émission ressemble à l'idée que j'avais de la culture : curieuse, généreuse, gourmande, accessible.

Je porte une robe lors de la première émission. Tout simplement car j'aime bien les robes et que j'en porte plus souvent que des pantalons. Je reçois notamment lors de cette première, le 7 septembre 2011, les acteurs Valérie Donzelli et Philippe Torreton, et l'écrivaine-journaliste Sophie Fontanel. Le lendemain, je subis une double rafale d'attaques sur les réseaux sociaux, de *haters* lâches confortablement planqués derrière l'anonymat : la première de commentaires racistes, malheureusement habituelle, la seconde de commentaires sexistes portant sur ma tenue. Avoir des jambes et un cerveau en même temps, ce n'était apparemment pas possible. La saison à la tête d'*Avant-premières*, jusqu'à l'été 2012, va être une bataille, violente. Les décideurs qui m'avaient choisie sont virés ou placardisés. Les éditorialistes de la droite dure contestent ma légitimité en me présentant comme la « caution diversité ». Quoi que je fasse, je suis toujours la « caution diversité » pour certains…

Agathe Cagé. – Recevez-vous des soutiens de la part de vos collègues, de votre direction, après ces attaques sur les réseaux sociaux et la mise en cause de votre légitimité sous couvert de « caution diversité » par certaines critiques ?

Élizabeth Tchoungui. – J'en reçois peu de la hiérarchie et c'est ce qui fait toute la violence de cette année-là pour moi. Courage, fuyons ! J'ai tenu grâce aux mots bienveillants des invités à l'issue de l'émission : Bernard-Henri Lévy, Jean-Paul

Enthoven, Julien Clerc… Je ne peux pas tous les citer, mais je les remercie. Il y a un autre soutien dont j'ai l'écho, des plus inattendus, car il vient de quelqu'un que je ne connaissais pas à titre personnel : j'ai su que Nicolas Sarkozy, qui était alors président de la République, disait qu'il regardait l'émission et qu'il me trouvait formidable !

Mais la petite musique médiatique du démarrage est tellement désastreuse qu'ensuite on a eu beau faire des audiences équivalentes à celles des émissions auxquelles *Avant-premières* a succédé, *Semaine critique !* de Franz-Olivier Giesbert ou *Esprits libres* de Guillaume Durand, dans laquelle j'avais d'ailleurs été chroniqueuse, que le mal était fait.

Malgré la violence de cette année sur France 2, j'en garde toutefois la satisfaction d'un magazine culturel qui a tenu toute une saison, ce qui est une sorte de moyenne haute maintenant, et celle d'avoir atteint l'objectif que je m'étais fixé et pour lequel je m'étais donnée à fond. Et puis cet épisode professionnel a corroboré pour moi une réalité dont j'avais commencé à prendre conscience à 21 ans et mon entrée dans l'open space de TF1, et que j'ai ensuite finalement intégrée assez vite : étant une femme, j'allais devoir me battre deux fois plus qu'un homme, et étant une femme métisse, quatre fois plus.

Agathe Cagé. – Qu'est-ce qui vous donne, après cette année compliquée, la force de rebondir ?

Élizabeth Tchoungui. – Deux éléments composent le terreau dans lequel je vais puiser mes ressources lorsque je fais face aux déboires de la vie. Le premier, c'est le viatique transmis par mes parents : tout est possible, rien n'est interdit, il n'y a pas de barrière. La seconde est ce que j'appelle, dans le récit que j'ai consacré à mon fils Alexandre, mon « grand village », mes tribus de sang et de cœur, grâce auxquelles je ne suis jamais seule.

Le grand village, c'est d'abord un socle d'amitiés très fortes. Ces amitiés m'offrent un regard sur moi bien plus positif que celui que je peux avoir moi-même. Mes amis sont toujours là pour me rappeler ce que j'ai accompli et également les ressources que j'ai en moi. C'est un vrai bras armé. Le grand village, ce sont aussi mes sœurs. Ma sœur qui me veillera quand la maladie menacera de m'emporter. Ma sœur qui me pousse pour que je remplisse et que je poste mon dossier de candidature à l'École supérieure de journalisme de Lille à une époque où j'avais totalement perdu confiance en moi. C'est important d'avoir conscience que si on n'est pas égoïste, si on a le souci des autres, on n'avance pas seul dans la vie. Avancer seul, c'est prendre le risque, lorsqu'on se casse violemment la figure, de n'avoir personne pour nous aider à nous relever.

À chaque fois que je flanche, les ailes qui me poussent sont donc les ailes de l'amitié et de la sororité alliées à ce mantra, transmis par ma mère et mon père : tout est possible. Je repense à mon père enfant dans la brousse camerounaise, dans les champs de cacao, puis deux décennies plus tard à l'École nationale d'administration :

il est l'incarnation que tout est possible. Je pense à ma mère collégienne, qui faisait toutes les semaines 4 kilomètres en pente raide dans le froid pour prendre le bus qui la conduisait à sa pension à Albi, qui plus tard fut courtisée par l'instituteur de son village dans le Tarn et m'a toujours dit : « moi je ne voulais pas de cette vie-là, je voulais autre chose ». Pourquoi voulait-elle autre chose alors que personne dans son environnement n'imaginait un ailleurs ? Je ne saurai l'expliquer. Mais son envie d'ailleurs, d'autre chose, de se dépasser est un moteur puissant pour moi !

Agathe Cagé. – Le manque de confiance s'installe pourtant en vous dès le début de vos études, lorsque vous abandonnez votre année universitaire en architecture, après avoir obtenu votre baccalauréat à 16 ans…

Élizabeth Tchoungui. – J'ai fait une petite erreur de trajectoire après le baccalauréat, qui partait d'une bonne intention ! J'avais un objectif très précis : devenir urbaniste pour améliorer les conditions de vie des habitants en milieu urbain en Afrique. Mais j'ai choisi de faire une école d'architecture pour cela alors que j'étais nulle en maths, que je ne savais pas voir en trois dimensions, que je ne comprenais rien à la résistance des matériaux… Bref, je suis rentrée par la mauvaise porte, l'architecture, alors que j'aurais dû d'abord suivre des études de géographie puis d'urbanisme pour pouvoir travailler sur les villes africaines.

L'arrêt rapide de mon parcours en architecture a sapé ma confiance en moi. Il a d'une certaine façon cristallisé un terreau de manque de confiance qui était déjà un peu présent à l'adolescence, même si jusqu'à cette année-là, en matière scolaire, tout m'avait à peu près réussi, hormis mon sept en mathématiques au baccalauréat en terminale C ! Et j'ai été alors peu aidée par mon père, qui a eu cette formule splendide à mon égard après ce détour raté par l'architecture : « J'espère que l'année prochaine ça se passera mieux parce que franchement cette année, ça a été une année zéro. »

J'ai malgré tout mis à profit cette « année zéro » pour découvrir l'Europe, aller voir à droite et à gauche ma bande cosmopolite grâce à la carte Interrail ! Londres, Barcelone, Amsterdam, Berlin, j'ai posé mon sac à dos façon *Auberge espagnole* partout où mes anciens camarades de lycée étudiaient. J'ai fait des petits jobs improbables comme du porte-à-porte pour vendre des pulls, ce qui m'a permis de pousser l'aventure jusqu'au Kurdistan. Une année flottante, mais pas complètement perdue quand même !

Mais, de fait, ma confiance en moi déjà fragile a été sapée par cet épisode. Mon premier choix après l'arrêt de l'architecture était de passer le concours de Sciences Po, la voie royale vers l'ENA, et j'ai reculé. Comme je n'avais pas réussi à m'accrocher en architecture, ce concours m'est apparu trop sélectif, inabordable pour moi. Ce qui m'a conduite à présenter mon dossier au CELSA, l'École des hautes études en sciences de l'information et de la communication, où je suis rentrée en DEUG de communication.

Agathe Cagé. – Pourquoi faites-vous ce choix d'études en communication ?

Élizabeth Tchoungui. – Je voulais être sûre de ne pas me tromper de voie après mon erreur d'aiguillage initial en architecture ! Et j'ai pris ce qui me paraissait être à l'époque la discipline la plus large possible. Avec des études en communication, je pouvais faire ensuite de la publicité, du journalisme… Le journalisme était à mes yeux un métier qui me permettrait de voyager et d'assouvir ma curiosité. Je voyais aussi les médias comme un vecteur pour faire passer des connaissances, pour sensibiliser le public sur des sujets d'importance… Je me rappelais des débuts de la télévision au Cameroun. C'était une véritable fenêtre qui s'ouvrait sur le monde.

Mais deux ans plus tard, alors que j'ai envie de postuler à l'École supérieure de journalisme de Lille pour devenir journaliste, le manque de confiance est encore extrêmement fort chez moi et me pousse à l'autocensure. Quand je prends conscience que cette école n'offre que quarante-cinq places pour mille candidats, je me convaincs que je ne vais jamais y arriver. Et si ma sœur, chez qui j'habitais, ne m'avait pas obligée à remplir mon dossier et ne s'était pas assurée que je le postais, jamais je ne m'y serais présentée !

Agathe Cagé. – Par peur de l'échec ?

Élizabeth Tchoungui. – Par peur d'un nouvel échec, après celui connu en architecture. Alors même que je sais aujourd'hui qu'un échec bien digéré mène à une réussite et qu'il est essentiel d'en avoir conscience pour avoir un rapport sain à l'échec ! D'ailleurs, si je regarde en arrière et que je réfléchis à mon parcours, je suis convaincue que je me serais moins épanouie comme architecte que dans mon métier de journaliste, qui m'a permis d'assouvir ma curiosité pour les autres !

D'une certaine façon, il y a depuis toujours un mouvement contraire en moi, entre le moteur puissant du « tout est possible » et l'incertitude quant à ma capacité à y arriver. Heureusement, avec l'expérience, la force positive qui tire vers le haut prend le dessus ! La bascule s'est opérée grâce au combat que j'ai mené pour mon fils Alexandre.

Agathe Cagé. – Vous écrivez, dans *Le jour où tu es né une deuxième fois*, le récit que vous lui avez consacré, que votre fils est votre guerrier et votre sauveur…

Élizabeth Tchoungui. – J'ai soulevé des montagnes pour Alexandre. Une psychothérapeute qui m'accompagnait m'a dit un jour dans son cabinet une phrase que je n'oublierai pas. J'étais à cette période un peu « down ». Une opportunité professionnelle ne s'était pas concrétisée et je ruminais de n'avoir plus assez de temps pour ma carrière de journaliste. J'ai partagé à cette thérapeute cette frustration en ajoutant : « Je me suis occupée d'Alexandre, je n'avais pas le choix. » Elle m'a répondu : « Détrompez-vous, vous aviez le choix. Vous auriez pu écouter les médecins qui voulaient mettre votre fils en hôpital de jour, le confier à une armada de nounous du matin au soir. Vous aviez le choix. » Puis elle a conclu en ajoutant ces mots, qui m'émeuvent à chaque fois que j'y pense : « N'oubliez jamais une chose, vous avez sauvé votre fils. »

A posteriori, je me suis rendu compte que le combat que j'ai gagné pour Alexandre m'a donné une force incroyable ! Je sais que tant que j'aurai la santé, j'aurai toujours la force nécessaire pour accomplir ce que j'ai envie d'accomplir. Aujourd'hui, je suis membre du comité exécutif du groupe Orange. Si je ne le suis plus demain matin, je suis convaincue que je rebondirai, car j'ai cette force en moi. C'est pour cela que je remercie mon fils.

Agathe Cagé. – Vous-même, tentez-vous de transmettre ce puissant moteur du « tout est possible » ?

Élizabeth Tchoungui. – Bien sûr ! Quand on est en capacité de transmettre, on a le devoir de le faire. Au début des années 2000, j'ai présenté une émission formidable sur France 3, *Opération*

Télécité. Nous équipions des associations en matériel audiovisuel et formions des jeunes issus de quartiers défavorisés aux techniques du reportage, afin qu'ils écrivent leurs propres récits, loin des clichés et des biais associés à leur environnement; qu'ils se projettent ailleurs et apportent sur cet ailleurs un regard neuf. J'ai croisé la route de Walid. Il était passionné, mais pensait que le journalisme n'était pas pour lui. Je l'ai convaincu du contraire. Aujourd'hui, il a une belle position dans un des plus grands groupes de presse français. Oui, tout est possible!

Agathe Cagé. – Même si nous nous retrouvons, tous, parfois, face à des portes qui se ferment ou qui refusent de s'ouvrir?

Élizabeth Tchoungui. – « Tout est possible » cela veut aussi dire que, même si une porte se ferme, ce n'est pas grave, car une autre porte s'ouvrira et, finalement, derrière, il y aura quelque chose d'encore plus beau. Cela suppose de l'analyse et de l'introspection: comprendre pourquoi la porte s'est fermée et, de là, imaginer de nouvelles stratégies. Les parcours de réussite ne sont jamais linéaires. On tombe, on se relève. On tombe, on se relève. C'est comme au judo, il faut apprendre à tomber pour gagner. Laisser de l'espace à la fragilité, c'est aussi quelque chose d'important.

Personnellement, je n'ai plus d'appréhension face aux chutes possibles. Je porte dessus un regard lucide. Ce n'est pas quelque chose qui me bride. La trajectoire rectiligne n'existe pas et il faut apprendre à chuter. Quand on apprend à chuter, derrière, on rebondit. On réussit deux fois plus. La chute oblige à aller puiser les ressources les plus primaires en soi, à faire un vrai examen de conscience, une revue de ses véritables ressources.

Agathe Cagé. – Ne plus avoir peur de la chute permet aussi plus d'audace ?

Élizabeth Tchoungui. – Ah oui, ça c'est sûr ! Quand on a chu, on ne risque plus grand-chose. Alors, autant avoir du culot ! Si on se prend un vent, ce n'est pas grave, personne ne va mourir. En revanche, si cela marche, c'est le jackpot. Réussir, cela vient du latin *succedere*, « quelque chose qui advient ». Et rien n'advient sans audace. Ni prise de risque.

Je fais partie depuis plus de dix ans du Club XXIe siècle, un club qui promeut la diversité. En 2015, une dizaine de membres ont été invités par le président François Hollande à déjeuner à l'Élysée, sur le thème de la cohésion sociale. C'était trois semaines après les attentats du 13 novembre à Paris. Le sujet était brûlant, mais la conversation trop policée à mon goût. Alors, au moment de prendre congé, je me suis lancée : « Monsieur le Président, merci pour le déjeuner, j'aimerais vous rendre la pareille et vous inviter à dîner chez moi, à Malakoff, avec mes voisins. Cette ville est un vrai laboratoire du vivre ensemble. »

Sur le moment, il n'a dit ni oui ni non. Mais trois semaines plus tard, alors que j'étais en vacances au Cameroun, tranquille sur ma plage, j'ai reçu un coup de fil de son conseiller en communication, Gaspard

Gantzer : « Le président a très envie d'accepter votre invitation, il voudrait juste savoir qui sont les autres invités. »

Cela a été le branle-bas de combat pour élaborer mon casting, le menu et toute cette soirée incroyable. Nous étions une petite dizaine de membres de mon grand village de Malakoff, toutes les confessions, toutes les catégories socioprofessionnelles étaient là. Le directeur de l'école catholique de Malakoff, où Alexandre a rencontré son meilleur copain, un petit garçon hindou. Un jeune maghrébin, qu'au lycée on voulait orienter vers un CAP de tourneur-fraiseur et qui, grâce au refus de sa mère et aux bons conseils de son prof de philo, a réussi à faire une grande école de commerce et a intégré, à la faveur d'un concours, un géant de l'agroalimentaire. Il y avait aussi Bernard, le retraité de France Télécom qui gérait l'antenne des Restos du cœur juste en face de chez nous. Un voisin policier, l'un des premiers à être arrivés au Bataclan après la fusillade. Pas de médias et juste une surveillance discrète aux abords de la maison le fameux soir. Le président est arrivé à 20 h 20 et reparti à minuit. Drôle, charismatique, à l'écoute. En trois phrases il a décoincé les invités un peu impressionnés, et nous avons librement parlé de ce qui nous réunissait : l'amour de la République, l'importance de l'éducation, l'urgence de réparer l'ascenseur social, le goût des autres. La fonction présidentielle enferme dans une tour d'ivoire. Alors j'espère que ce moment suspendu lui a été utile. Moi, je ne lui ai jamais rien demandé par la suite. Cette soirée spéciale m'a confortée dans l'idée que lorsque l'on a des convictions, et que l'on s'en donne les moyens, tout est possible !

Se reconvertir

Agathe Cagé. – À l'été 2012, l'émission *Avant-premières* s'arrête après une année à l'antenne. Vous présentez ensuite *Afrik'Art* sur Canal+ Afrique, où vous faites découvrir une ville à travers ses artistes, *Ô Féminin* puis Mémo sur la chaîne France Ô. On vous retrouve aussi sur France Culture où vous produisez et animez l'émission musicale hebdomadaire *Sur écoute*. Vous travaillez également pour la chaîne Numéro 23, sur une émission consacrée aux faits divers, mais aussi sur une émission politique à la veille de l'élection présidentielle de 2017. En 2020, vous faites vos adieux à la télévision sur

France 2 avec le programme *Oh ! Afric Art*, série de pastilles consacrée à l'art africain contemporain. Comment vous retrouvez-vous, en septembre 2020, membre du comité exécutif du groupe Orange, dans un univers a priori à mille lieues de celui qui était jusque-là le vôtre ?

Élizabeth Tchoungui. – Mon arrivée chez Orange est une conjonction astrale : les planètes se sont alignées, avec l'aide active d'anges parfois inattendus.

Même si j'ai travaillé tout au long de ma carrière à la télévision, j'y connais, après mon année sur France 2, une traversée du désert. Je ne suis plus dans l'Olympe des dieux cathodiques, les sept chaînes hertziennes historiques où j'ai officié tour à tour depuis ma sortie de l'école de journalisme : TF1, France 2, France 3, Canal+, France 5, M6 et Arte. Je rejoins des chaînes plus confidentielles. Rester sous le feu des projecteurs à la télévision demande un effort de tous les instants, un énorme investissement dans le réseautage, d'écumer les cocktails et les dîners mondains, voire, quand on est une femme, de payer de sa personne. C'est tabou, mais c'est encore une réalité, alors tant pis si je mets les pieds dans le plat ! L'année où je présente *Avant-premières* sur France 2, j'aurais pu faire tout cela, hormis le passage à la casserole, pour préparer mon rebond à la fin de la saison, mais je ne le fais pas, car je rentre le soir retrouver mon fils Alexandre que je ne veux pas laisser seul. Il n'a pas encore été diagnostiqué, mais je le sens en souffrance, il vit mal son entrée à l'école, fait des colères terribles en fin de journée. Plus tard j'apprendrai que ce sont des crises de décompensation, après une journée à subir les multiples stimuli d'un enfant à l'école, les autres, le bruit, tout cela est épuisant pour un enfant autiste. Je ne peux pas le laisser seul avec une nounou et sa souffrance. Puis son parcours pour le diagnostic sera un long combat, que je mènerai seule, enceinte de mon deuxième enfant. Ces réalités de la vie font que je ne suis plus à 100 % et je le paie cher.

Agathe Cagé. – Le réseau est un facteur essentiel dans une carrière à la télévision ?

Élizabeth Tchoungui. – Cultiver son réseau et sa visibilité est un gage de longévité. Il y a une part d'irrationnel dans le monde de la télévision qui est comparable à celui du cinéma. Un présentateur, une présentatrice, doivent être désirés, désirables, par les producteurs, les chaînes et cet élément est complètement irrationnel. Pour pallier l'irrationnel, le réseau est prépondérant, car il permet d'avoir des soutiens influents. Mais écumer les dîners en ville après une journée de préparation d'émission ou de tournage n'est pas forcément compatible avec une vie de famille.

Même si j'ai toujours continué à prendre du plaisir dans mon travail à la télévision, y compris lorsque j'évoluais sur des chaînes plus confidentielles, la pente y était pour moi descendante et je ne pouvais pas me projeter dans le futur. D'où mon envie de m'engager sur une autre trajectoire professionnelle. Je n'avais de plus pas envie de m'épuiser à paraître.

Or, encore aujourd'hui, dans les métiers à exposition médiatique, cela devient avec l'âge de plus en plus compliqué pour les femmes, avec une injonction implicite à la chirurgie esthétique.

Agathe Cagé. – La part d'irrationnel que vous associez à la télévision est aussi quelque chose qui a contribué à votre choix de quitter ce milieu ?

Élizabeth Tchoungui. – J'ai connu à un moment une forme de lassitude. Je suis un pur produit de la méritocratie. C'est une valeur cardinale chez moi, or elle n'existe pas à la télévision. La part d'irrationnel y est très, trop forte. À l'époque où je présentais *Avant-premières* sur France 2, certaines personnes m'ont dites froide et incompétente. Lorsque je fais mes adieux à la télévision avec *Oh ! Afric Art*, déclinaison de *D'Art d'Art !* sur l'art contemporain africain, toujours sur France 2, les mêmes personnes ont été les premières à dire que j'étais formidable et chaleureuse. Moi, je n'ai pas l'impression d'avoir changé entre ces deux moments ! Quelqu'un de très haut placé dans l'organigramme de France Télévisions a demandé à ses équipes, après avoir visionné la série d'émissions *Oh ! Afric Art* et appris que je partais pour rejoindre le groupe Orange, pourquoi elles avaient laissé partir un « tel talent ». Cette personne n'avait jamais voulu me recevoir en rendez-vous dans son bureau. Voilà tout l'irrationnel du monde de la télévision. C'est un système frustrant et usant. D'autant plus pour moi au regard de mon attachement à la méritocratie et à soutenir des combats véritables, ce que j'ai fait comme administratrice de l'organisation non gouvernementale Action contre la faim et que je fais désormais au Club XXIe siècle pour la promotion de la diversité ou à Capital Filles.

À ces réflexions s'ajoute le fait qu'à un moment, par un accident de la vie, tout s'arrête pour moi, puis tout recommence. Et je fais le choix de tout recommencer différemment. Je fais en 2019 un neuropaludisme, une forme très sévère de paludisme. Je suis plongée dans le coma, mon pronostic vital est engagé, je connais une expérience de mort imminente. Je suis hospitalisée pendant un mois et demi. Je ressors vivante, mais sans travail, ni à la télévision, ni dans le conseil en communication ou l'animation d'événements, activités que j'avais développées les années précédentes.

Alors que j'ai à cette époque le statut d'intermittent du spectacle, je dois repartir de zéro. Je m'aide de toutes les béquilles possibles, thérapeutiques, psychothérapeutiques, en faisant un bilan de compétences. La vie est un roman, dans lequel nous avons nos opposants et nos adjuvants, des boulets et des bonnes fées. Une chaîne d'adjuvants va se mettre en place autour de moi. Le président du Club XXIe siècle, Jacques Galvani, me met en contact avec un coach professionnel avec lequel je vais travailler sur mes pistes de reconversion possibles. Mon envie d'être utile à travers un engagement professionnel apparaît centrale, ce qui conduit ma réflexion sur la piste des fondations. J'apprends à la même époque, par hasard, alors que j'assiste à

Agadir au Concert pour la tolérance, que Christine Albanel, présidente déléguée de la Fondation Orange, va prochainement partir à la retraite.

Le même été 2019, en vacances chez des amis, je croise Céline Lis, une amie de l'École supérieure de journalisme de Lille, à qui je raconte ma trajectoire à la télévision et avec qui je partage mes réflexions en cours. Céline a eu un cancer du sein et a failli y rester. Elle me dit qu'on a tous des accidents de vie et qu'elle souhaite m'aider. Nous réfléchissons ensemble sur ce que je pourrais faire et elle me propose de me faire rencontrer son amie Anne Méaux[1], qui l'a aidée à fonder *Rose*, le magazine gratuit pour les femmes atteintes de cancer.

Il fait gris et froid le matin de mon rendez-vous avec Anne Méaux. Je m'y rends un peu intimidée : je suis admirative de sa trajectoire, de la grande prêtresse de la communication qu'elle est devenue. Je lui offre le livre que j'ai écrit sur mon fils

---

1. Anne Méaux est une femme d'affaires, présidente et fondatrice en 1988 de la société de conseil en communication Image Sept.

Alexandre, *Le jour où tu es né une deuxième fois*. Et je lui raconte juste mon histoire, mon parcours, avec beaucoup de sincérité et de transparence. Cette femme puissante que je ne connais pas me dit qu'elle perçoit, certes, de la fragilité chez moi liée aux épreuves que je viens de traverser, mais également une force incroyable. Alors une phrase jaillit tout à coup de ma bouche, sans que je n'aie rien préparé en ce sens, et malgré mon manque toujours présent de confiance en moi : « Il y a un job que j'aimerais beaucoup, c'est diriger la Fondation Orange, car j'ai appris que Christine Albanel était sur le départ. » Elle me répond qu'elle trouve l'idée très bonne et qu'elle va se renseigner pour savoir si le poste est déjà préempté ou non. Elle termine l'entretien en disant : « On va vous aider, c'est une question de solidarité féminine. »

Peut-être est-ce mon combat de mère pour mon fils qui l'a touchée. Je ne peux pas le dire. Avec du recul, je me dis que c'est parce que j'étais bien alignée avec moi-même que cet alignement de planètes a pu voir le jour. Toujours est-il qu'elle m'a rappelée quelques jours plus tard pour dire que mon profil intéressait beaucoup Stéphane Richard, le président-directeur général du groupe Orange, et qu'il allait me recevoir.

Agathe Cagé. – Aviez-vous déjà entendu, dans votre carrière, cette phrase, « on va vous aider, c'est une question de solidarité féminine » ?

Élizabeth Tchoungui. – C'est la première fois qu'elle a été formulée de manière aussi directe ! En revanche, dans mon parcours, ce sont presque toujours des femmes qui m'ont donné le coup de pouce décisif au bon moment, au bon endroit. C'est grâce à une femme, Marie-Christine Saragosse, que j'ai présenté le journal télévisé sur TV5 Monde. Elle m'avait repérée alors que j'intervenais dans une émission de Jean-Luc Delarue sur le thème « Les femmes et la télé ». Elle dit avoir été frappée par mon charisme et ma détermination, et s'être dit que j'avais de la profondeur en moi avant d'être belle ! Et elle m'a donné ma chance. C'est grâce à mon éditrice chez Plon, Muriel Beyer, que j'ai publié mes romans *Je vous souhaite la pluie* en 2006, puis en 2010 *Bamako climax*. Et j'ai rencontré Muriel par l'intermédiaire de la productrice Françoise Castro, qui m'a offert de présenter *Ubik*. La solidarité féminine s'est ainsi à plusieurs reprises exercée en ma faveur. Face aux biais qui ont la dent dure, elle est déterminante pour avancer.

Agathe Cagé. – Connaissiez-vous Stéphane Richard, le PDG d'Orange, avant qu'il vous reçoive pour discuter de la présidence de la Fondation Orange et du poste de directrice exécutive en charge de la Responsabilité sociale et environnementale, de la Diversité et de la Solidarité ?

Élizabeth Tchoungui. – Je travaillais beaucoup comme petite main bénévole sur les sujets liés aux diasporas depuis 2017. J'avais rédigé, pour le Conseil présidentiel pour l'Afrique, une note destinée au président Emmanuel Macron. J'avais animé à l'Élysée, en juillet 2019 et alors que j'étais encore en convalescence suite à mon neuropaludisme, l'événement « Parlons d'Afrique », retransmis en direct sur RFI. Cet échange entre Emmanuel Macron, le président de la République du Ghana, Nana Akufo-Addo, et les diasporas africaines a réuni trois cents personnes et a été très suivi par les grands opérateurs économiques en Afrique. Peut-être cela a compté.

Moi, j'avais pleinement conscience, lors de cette rencontre, de ce que je pouvais apporter au groupe Orange. Mes engagements, constants. Mon profil biculturel alors que l'Afrique est un territoire de croissance pour le groupe. Ma capacité d'adaptation, de conduite du changement dans un momentum de transition durable pour toutes les entreprises. Mon expérience du management horizontal : présenter une émission de télévision, c'est rassembler des composantes disparates, des équipes techniques aux invités, des chroniqueurs aux producteurs, au service du même objectif, pour que la mayonnaise prenne et que le téléspectateur, le client, soit content ! Ce n'est pas pour rien qu'en italien, présentatrice ou présentateur se dit *conduttrice* ou *conduttore*. Les enjeux ne sont pas les mêmes qu'au sein d'un groupe du CAC 40, mais on dirige une organisation, avec la pression du direct et des audiences.

Une fois que j'ai dit cela, ce grand saut chez Orange, c'était aussi bien évidemment un pari et j'ai souffert pendant tout l'été 2020 du syndrome de l'imposteur ! Il y a peu de personnes de mon profil au sein des comités exécutifs du CAC 40 et, d'une certaine manière, je craignais de revivre une nouvelle fois mon arrivée dans l'open space de TF1. Mais depuis j'ai gagné en maturité. Je repère mieux les adjuvants et les opposants du roman qu'est la vie.

Agathe Cagé. – Comment, concrètement, s'est traduit votre syndrome de l'imposteur ?

Élizabeth Tchoungui. – Toutes les femmes métisses ou noires sont un jour confrontées à un sujet capillaire. Lorsque j'ai commencé à la télévision, j'avais les cheveux au naturel, comme maintenant. J'arborais même un bandeau en wax, non par esprit d'affirmation identitaire, juste parce que cette coiffure me plaisait ! Je recevais cependant beaucoup de pressions indirectes de la part de producteurs pour changer de coiffure. En 2006, après que ma maquilleuse-coiffeuse m'ait proposé un essai pour lisser mes cheveux, je n'ai jamais reçu autant de propositions d'émissions, toutes chaînes confondues ! Avec les cheveux brushés, je rentrais un peu plus dans le moule…

Mais alors qu'après cette phase lisse j'étais revenue aux cheveux naturels ces dernières années, je n'ai pas osé arriver cheveux non lissés chez Orange. Je m'interrogeais dans ces premiers temps sur ma capacité à maîtriser les fondamentaux de la vie d'une entreprise à ce niveau de responsabilité, à comprendre les résultats financiers, à m'intégrer dans une entreprise d'ingénieurs. Je ne voulais pas que le sujet capillaire parasite ma montée à bord. J'ai attendu d'être bien arrimée pour revenir aux cheveux au naturel !

De la même manière, je m'attachais à me maquiller, pour toute intervention en visio ou devant un public extérieur, lors de mes premières semaines au sein du groupe. C'était une manière de gérer la pression des regards, de prendre confiance en moi. Puis, à un moment, j'ai lâché à la vue du temps que cela prenait. J'ai fini par m'en affranchir par pragmatisme, car le choix était clairement entre dormir et récupérer de l'énergie ou me lever aux aurores pour me maquiller ! Mais ce sont des négociations permanentes et ces difficultés, ce sont d'abord les femmes qui y sont confrontées dans le monde professionnel... Les regards portés sur les femmes sont malheureusement toujours très différents de ceux portés sur les hommes. On dit encore en 2022 que les hommes se bonifient avec le temps et que les femmes se fanent...

J'ai également, à mon arrivée chez Orange, refait ma garde-robe. Alors que je passais ma vie en jeans-baskets ou en robes fleuries ou à imprimés, je me suis décidée à investir dans des tailleurs-pantalons, même si cela me coûtait un peu, en termes de goût, de changer de vestiaire ! Je me suis dit que j'étais déjà assez disruptive comme ça ! Mais j'ai quand même choisi de ne pas mettre de veste lors de la séance photo des membres du comité exécutif parce que j'ai toujours l'impression d'être déguisée quand je suis en veste. Je n'ai pas pu m'empêcher ce petit pas de côté ! Je sais adopter des codes, mais je veux également pouvoir garder à chaque fois mon petit espace de liberté. C'est, disons, mon côté électron libre.

Aujourd'hui, heureusement, mon syndrome de l'imposteur a totalement disparu. Je sais assumer les choses que je ne maîtrise pas. Je ne serai jamais une spécialiste de l'intelligence artificielle et de la virtualisation des réseaux, mais ce n'est pas ce qu'on me demande. J'ai pris conscience de tout ce que mon expérience de journaliste m'a apporté. Préparer des émissions avec plusieurs invités venus d'horizons très différents, c'est plonger en un temps record dans des multitudes de savoirs pour en ressortir la substantifique moelle et délivrer l'essentiel au public. Cela m'a appris à vite assimiler. À défaut de maîtriser tous les aspects techniques, je comprends les enjeux. C'est pour cela que, dans un parcours de reconversion, il faut d'abord identifier ses lignes de force. Une fois qu'on les a trouvées, ce sont des ailes pour le futur !

Électron libre

Agathe Cagé. – Vous parlez de votre côté « électron libre ». Est-ce que vous iriez jusqu'à parler de votre côté « baron perché », pour faire référence à ce roman dont vous avez dit une fois en interview qu'il était votre livre préféré ?

Élizabeth Tchoungui. – Ce qui me plaît dans *Le baron perché*[1], c'est le refus de se conformer à une norme, la recherche de son propre espace de liberté. Le

1. *Le baron perché* est un roman publié en 1957 par l'Italien Italo Calvino, qui raconte la vie au XVIIIe siècle d'un jeune aristocrate de la région de Ligurie, Côme Laverse du Rondeau, qui décide un beau jour de grimper dans un arbre et de ne plus en descendre.

personnage central du récit, Côme Laverse du Rondeau, est à la fois perché au sens propre et au sens figuré du terme. On a tous le droit à une part d'excentricité ! Dans *Le jour où tu es né une deuxième fois*, j'écrivais d'ailleurs : « La norme c'est un moule. Et le moule ultime c'est le cercueil. Quatre planches en bois, basta. La norme est une petite mort. Et puis j'ai toujours rêvé d'une vie sans limites. » La norme m'ennuie profondément, depuis toujours…

Agathe Cagé. – Vous avez coécrit et coréalisé en 2000, avec Yann L'Hénoret, le documentaire *Ntangan, la légende de Madame Le Maire*. Vous y retracez le parcours de Marie-Hélène, une Française élevée à Valenciennes dans une famille catholique dans les années 1950, qui est devenue maire de la ville d'Akono au Cameroun. C'est sa trajectoire hors norme qui vous a intéressée ?

Élizabeth Tchoungui. – La vie de Marie-Hélène est une histoire de métissage, une histoire de liberté et une histoire de pionnière, car elle a été la première Française élue au Cameroun. Nous avons bâti le documentaire grâce à des photos et des témoignages, parfois très drôles !

Marie-Hélène est la mère d'une amie métisse, aujourd'hui décédée, qui, comme ma mère, a rencontré Henri, son mari camerounais, en France. Henri était alors étudiant et elle en tombe immédiatement amoureuse. Ce qui fait la réussite de leur couple, c'est qu'il lui demande, avant de prendre un quelconque engagement, d'aller seule au Cameroun pour comprendre la vie dans ce pays, très différente de la vie en France. Il ne souhaitait pas l'accompagner pour ne pas biaiser son jugement. Elle a ainsi été accueillie en 1965 au Cameroun par son futur beau-frère et sa future belle-sœur, qui témoignent dans le documentaire. Ce sont des témoignages puissants, car leurs yeux disent toute leur admiration pour Marie-Hélène, qui les a suivis aux champs, les a aidés à piler le plantain… L'histoire d'amour entre Henri et Marie-Hélène était vraiment très romanesque. Tout comme celle de mes parents !

Agathe Cagé. – L'histoire d'amour de Marie-Hélène et d'Henri s'écrit au Cameroun ?

Élizabeth Tchoungui. – Leur mariage a lieu en 1966 à Lille, puis ils s'installent deux ans plus tard à Yaoundé et ont cinq enfants. Ils construisent une petite maison dans le village d'Henri, Akono. Malheureusement, en 1975, Henri meurt brutalement alors que la dernière de leurs cinq enfants a 1 an. En toute logique, Marie-Hélène, qui se retrouve veuve à 35 ans, aurait dû prendre ses enfants sous les bras et retourner en France. Elle a bravé la logique. Elle a choisi de rester au Cameroun. Elle s'est énormément impliquée dans la vie du village de son mari, elle a monté des associations dans la petite ville voisine et, de fil en aiguille, elle s'est présentée aux élections municipales et a été élue !

Agathe Cagé. – Vous partagez finalement avec Marie-Hélène le goût de la liberté et le refus des cadres ?

Élizabeth Tchoungui. – Sortir du cadre, c'est quelque chose qui m'intéresse dans la vie. On apprend toujours beaucoup plus des gens qui sont différents de soi que des gens qui nous sont parfaitement semblables. L'entre-soi est une forme de paresse intellectuelle.

La trajectoire de Marie-Hélène est puissante, car elle a choisi de s'engager dans la vie locale alors que personne, de la part d'une femme blanche installée au Cameroun, ne s'y attendait. Elle a bluffé tout le monde et son élection aux municipales est une forme de reconnaissance de ses engagements par les électeurs.

Agathe Cagé. – C'est par goût de la singularité que vous dites n'avoir pas eu de modèle dans les médias, en presse écrite comme en télévision ?

Élizabeth Tchoungui. – J'ai toujours eu envie de tracer ma voie, ma propre voie. À l'école de journalisme de Lille, j'ai choisi la télévision par pragmatisme. Lors de ma première émission de radio, un intervenant me dit que je n'ai pas une voix de radio, donc je décide de ne pas insister! Je savais aussi que l'écriture était mon point fort. J'ai eu la chance de remplacer à *Nord Éclair*, un des titres de la presse quotidienne régionale locale, le chroniqueur judiciaire. Je passais mes après-midi au tribunal correctionnel en quête des meilleures histoires à restituer. J'ai adoré cette expérience balzacienne: c'était vraiment la comédie humaine. En plus, c'était un bel exercice pour forger ma plume. Mais l'écriture, c'est comme le vélo : cela ne s'oublie pas. Alors j'ai choisi d'apprendre à écrire avec l'image : j'ai choisi la télévision, ce média populaire et ludique me permettant de toucher un large public ! Et tout au long de ma carrière à la télévision, en ayant un parcours d'électron libre, j'ai pu continuer à cultiver ma singularité.

Agathe Cagé. – Cette singularité n'est-elle pas contrainte par la forme dans les exercices télévisuels ?

Élizabeth Tchoungui. – L'écriture à la télévision est en effet très contrainte. J'y ai toutefois eu de vrais espaces de liberté, par exemple avec le programme *Oh ! Afric Art*. Mes textes y donnaient les clés pour entrer dans l'univers des artistes. Mais il ne faut surtout pas avoir un style littéraire lorsqu'on écrit pour le talk-show. Il faut s'affranchir de toutes fioritures, écrire en langage parlé pour que ce soit le plus naturel possible et pour capter le maximum de personnes possibles, ce qui fait d'ailleurs tout l'intérêt de l'exercice !

Le plaisir du talk-show est ailleurs que dans l'écriture. Il est dans la mise en valeur des invités, dans la rythmique de l'émission, dans l'équilibre à trouver entre empathie et pudeur dans les talk-shows sociétaux où des personnes viennent témoigner, se confier, sur des sujets parfois difficiles, afin de les préserver. J'ai fait tout un travail de posture, qui a pris parfois beaucoup de temps, pour que ma pudeur ne soit plus perçue comme de la distance à l'écran. Ce que j'ai vécu moi-même, dans mon combat pour Alexandre, m'a aidée à faire passer de manière plus authentique l'empathie que j'ai toujours eue pour les personnes, anonymes ou personnalités médiatiques, que je recevais.

Agathe Cagé. – Certaines rencontres sur des plateaux, avec des anonymes ou des personnalités médiatiques, vous ont-elles particulièrement marquées ?

Élizabeth Tchoungui. – Il y a eu tellement de belles rencontres que ce serait difficile d'en retenir quelques-unes ! Ce que j'ai aimé, c'est l'éventail de registres auxquels j'ai pu toucher ! La diversité des expériences m'a nourrie dans mon métier de journaliste. Être à l'antenne le jour des attentats du 11 septembre, lorsque le professionnalisme doit l'emporter sur la sidération, faire dans ma carrière à la fois, pour TV5 Monde, un reportage compliqué dans les bordels de Ouagadougou en suivant dans la capitale du Burkina Faso une équipe de prévention VIH et, sur une autre chaîne, interviewer Georges Clooney en tête-à-tête dans le *Journal de la culture* de France 24 ! J'ai minaudé pendant cet entretien comme une midinette alors que nous parlions de sujets très sérieux comme le Darfour...

Lorsque je faisais des émissions sur des thématiques difficiles et que les protagonistes venaient me remercier à l'issue, car cela les avait aidés de parler, c'était particulièrement gratifiant pour moi. Être utile aux autres, transmettre et nourrir ma propre curiosité, c'est vraiment ce qui m'a animée pendant ces années.

J'ai également aimé la possibilité de ne jamais rien faire comme les autres. Sur France Culture, où je présentais mon émission musicale *Sur écoute*, il n'est pas peu dire que j'ai surpris plusieurs fois lors de la conférence de rédaction hebdomadaire entre producteurs. Chacun annonçait des sujets extrêmement sérieux pour la semaine à venir et moi une émission sur le disco ! Bien sûr, c'était à l'occasion de la parution d'un ouvrage extrêmement pointu qui citait le disco comme la musique de l'hédonisme. Construire une émission avec du fond sur le disco, musique légère s'il en est, j'ai adoré ça ! J'y avais invité les auteurs du *Dico du disco*, Jean-Marie Potiez et Alain Pozzuoli. J'y recevais également le philosophe et critique d'art Yves Michaud. Il venait de faire paraître sous le titre *Ibiza mon amour, enquête sur l'industrialisation du plaisir*, une réflexion philosophique sur l'hédonisme contemporain.

Ces expériences tous azimuts, dans des univers complètement différents, m'ont donné la capacité d'avoir un regard distancié sur les situations dans lesquelles je me trouvais. J'ai presque développé un œil d'entomologiste. Je pense que ce n'est pas un hasard si un autre de mes livres favoris est les *Lettres persanes* de Montesquieu[1].

---

1. Les *Lettres persanes* est un roman épistolaire publié par Montesquieu en 1721. Il rassemble la correspondance fictive entre deux voyageurs persans, Usbek et Rica, et leurs amis restés en Perse.

Camfranglais

Agathe Cagé. – Qu'est-ce qui vous a amené à prendre vous-même la plume et à vous lancer dans l'écriture de romans ?

Élizabeth Tchoungui. – La littérature est mon plus beau terrain de jeu. J'écris depuis que je sais écrire, depuis que j'ai 6 ans. J'ai toujours rempli des carnets de notes, des carnets de poésie, j'ai même inventé une langue, le babari samara ! À 11 ans, j'ai commencé un journal intime que j'ai tenu jusqu'à 23 ans. Je lisais aussi énormément à ce moment-là, je voulais découvrir tout ce qui me passait à portée de main. Tout cela a permis à la fois de forger et d'affiner ma plume et de faire pour moi de la littérature cet espace de liberté ultime et précieux.

C'est à l'époque où je présente le journal télévisé sur TV5 Monde que je travaille sur mon premier roman, *Je vous souhaite la pluie*. Il raconte l'histoire de Ngazan, née pauvre et fière dans un bidonville africain, qui accepte par amour de suivre un jeune Français à Paris. Le déclic pour me lancer dans l'écriture a été la langue, le camfranglais. J'ai toujours été fascinée par cette langue hybride, mélange d'anglais, de français, de pidgin et de différents dialectes, parlée par les jeunes au Cameroun. Cette langue est jubilatoire, d'une beauté incroyable, très imagée, très métaphorique.

Je suis entrée dans l'écriture en commençant par rédiger une scène se déroulant dans un bar dans un village imaginaire, mais qui ressemble fortement à mon village au Cameroun. J'ai écrit une conversation dans ce bar, je n'avais pas véritablement de trame, je ne savais pas encore ce que je voulais raconter en composant ce passage.

C'est au fil de la plume que j'ai tissé une histoire d'amour entre un Français et une Camerounaise. J'ai envoyé deux chapitres à Muriel Beyer, ma future éditrice, qui a accroché tout de suite. Et c'est parti comme ça ! J'ai écrit ce livre avec une facilité que je n'imaginais pas, en quatorze mois, les mots coulaient, je jouais avec eux.

En utilisant dans ce livre le camfranglais, j'ai été la première écrivaine au Cameroun à porter ce langage en littérature. Je me souviens de rencontres avec des universitaires camerounais un peu choqués qui considéraient le camfranglais comme un langage de rue qui n'avait pas sa place dans les bibliothèques. Aujourd'hui, mon livre est enseigné dans le secondaire et aussi à l'université ! Il est devenu un classique et, pour moi, c'est une grande fierté, car l'image s'efface, mais l'écrit reste. Le camfranglais est une très belle langue, qui s'enrichit chaque jour. À chaque fois que je retourne au Cameroun, il y a de nouvelles expressions… Ce roman était une manière de lui donner ses lettres de noblesse.

Agathe Cagé. – Continuez-vous à écrire ?

Élizabeth Tchoungui. – La littérature reste encore aujourd'hui mon espace de liberté. Je veux continuer à défricher des territoires inexplorés. C'est pour ça que j'ai participé en 2015 à l'ouvrage collectif *Volcaniques, une anthologie du plaisir*, recueil de nouvelles érotiques associant plusieurs écrivaines du monde afro réalisé à l'initiative de Léonora Miano. Le sujet était alors assez tabou dans la littérature africaine ! Ce n'est qu'assez récemment que les écrivains africains se sont emparés de l'intime. Dans la musique africaine, les chanteurs ont parfois des paroles très explicites. Mais dans la littérature, il y a un tabou quant à l'expression de la chose sexuelle. Ma nouvelle, *Diane enchanteresse*, aborde même, à dessein, un double tabou : c'est une nouvelle érotique qui conte une histoire entre deux femmes. Plusieurs fois, lorsque je l'ai présentée, j'ai eu des débats vifs avec certains, avec des hommes surtout, pas des femmes.

Cette nouvelle a été une fois de plus pour moi une manière d'ouvrir quelques portes. De promouvoir l'ouverture d'esprit. Et j'ai aimé réécrire après avoir publié mon deuxième roman, en 2010, *Bamako climax*. Ce recueil était une belle opportunité et la nouvelle un bon format. C'était d'ailleurs ma deuxième participation à un recueil collectif de nouvelles. En 2007, avec six amies de l'école de journalisme (Sonia Bricout, Claudine Colozzi, Mounia Daoudi, Hélène Piot, Sophie Prévost et Lucile Vanweydeveldt), nous avions publié *Sept filles en colère*, une compilation littéraire de nos pires histoires de cœur ! Aujourd'hui, j'ai moins de temps pour écrire. Mais j'ai toujours avec moi mon carnet de notes…

Ouvertures

Agathe Cagé. – L'ouverture d'esprit à laquelle vous tenez tant, votre ouverture aux rencontres également, prend-elle ses racines dans une enfance et une adolescence qui vous ont permis de découvrir plusieurs continents et plusieurs pays ?

Élizabeth Tchoungui. – Absolument ! Mes parents m'ont donné une clé magique, ma capacité d'adaptation. Ils m'ont offert le métissage, et la chance d'évoluer dans tous les milieux sociaux, de la ferme de ma grand-mère dans le Tarn jusqu'aux ambassades, et une enfance nomade. J'ai dû quitter des amis, trouver des repères dans des pays inconnus. La clé est là. L'ouverture d'esprit naît là.

Aujourd'hui, j'ai le privilège d'être à l'aise partout. Je ne comprends d'ailleurs pas les gens qui se contentent de l'entre-soi. De mon point de vue, ils passent à côté de tellement de choses ! Par l'ouverture d'esprit, les rencontres et les échanges on apprend à comprendre les autres au-delà de ses propres convictions. La dernière fois que j'ai vu, dans le Tarn, mes copains de hameau, qui sont chasseurs, ils étaient en train de dépecer un chevreuil ! Nous avons longuement discuté de la chasse et ils ont fini par me convaincre. C'est aussi en allant vers ceux qui ne partagent pas vos convictions que l'on s'enrichit. Et que l'on donne tout son sens à une valeur cardinale à mes yeux, la tolérance.

Agathe Cagé. – Votre enfance nomade commence aux États-Unis, à Washington…

Élizabeth Tchoungui. – J'y suis née, mais j'y suis restée assez peu. J'ai connu les États-Unis plus tard, car une partie de ma famille camerounaise y habite. J'ai vécu au Cameroun de l'âge de 3 ans à l'âge de 10 ans. De 10 ans à 13 ans, j'ai grandi en Belgique, puis jusqu'à l'âge de 15 ans en Italie. J'ai passé l'année de mes 16 ans et de ma terminale à Yaoundé et, après mon baccalauréat, je me suis installée en France.

Ces expériences m'ont toutes marquée, de manière très différente. Je découvre en Belgique la télévision, que je n'avais regardée jusque-là que sur l'écran noir et blanc et grésillant de ma grand-mère maternelle dans le Tarn. On est en 1984, je découvre les clips, ma fibre musicale s'assoit définitivement. Je découvre aussi l'opulence de la société de consommation, les grands centres commerciaux. L'année où je quitte Yaoundé pour Bruxelles, il n'y avait que deux supermarchés, dont l'un possédait le premier et alors unique escalator du pays.

Les années que je passe à Bruxelles correspondent toutefois à une période contrastée pour moi. Je grossis énormément, je me sens « bouboule » et ce n'est pas facile pour l'image que j'ai de moi. J'ai été heureuse malgré tout en Belgique, et j'adore toujours l'excentricité discrète de ce pays.

Mais mon pays de cœur est résolument l'Italie. J'arrive adolescente à Rome et cette ville est absolument magnifique ! La langue est belle, je l'apprends tout de suite alors que, bien que je vivais dans un quartier où on le parlait, j'avais en Belgique fait un blocage sur le flamand, une langue pourtant si belle lorsque chantée par Brel dans « Marieke »… Aujourd'hui, je parle mieux italien qu'anglais, l'italien est ma deuxième langue. À mes yeux, l'Afrique commence à Rome. Il y a quelque chose d'africain dans l'Italie du Sud.

J'aime tout en Italie : la peinture, la gastronomie, et même la variété sirupeuse… Tout y est pour moi un enchantement. Jean Cocteau a eu à propos de ce pays une phrase que je trouve extrêmement juste : « les Italiens sont des Français de bonne humeur ». C'est vraiment ça ! Nous sommes cousins culturellement, mais en Italie il y a en plus le soleil, le sourire, la faconde.

Mes années italiennes sont aussi pour moi des années de fêtes et de flirts. Cela correspond à un moment de ma vie où, par la magie de la puberté, je maigris d'un coup. J'arrive à convaincre ma mère de me payer des lentilles pour que je puisse retirer mes lunettes à triple foyer. Tout à coup, le vilain petit canard se transforme en reine du lycée comme dans les films. Ces années magiques m'ont tellement marquée que j'ai ensuite épousé un Italien.

J'ai fait aussi de l'Italie l'un des paysages de mon roman *Bamako climax*. J'y raconte l'histoire de deux hommes qui aiment puis abandonnent la même femme, Céleste, une métisse afro-européenne mondaine, aventureuse et fantasque. Le premier des deux hommes, Elliott, est un Français d'origine antillaise né en Afrique. Le deuxième, Elio Della Valle, est Italien et vit à Rome. Son grand-père y a fait prospérer les Magazzini generali di Roma, grand bazar des temps modernes. J'y raconte Rome, les coupoles de ses saintes églises, la douceur de la ville, la neige en janvier aussi. Aujourd'hui encore, je ne passe pas six mois sans retourner en Italie.

Agathe Cagé. – L'Italie semble être, au-delà même de votre pays de cœur, votre pays rêvé ?

Élizabeth Tchoungui. – L'expérience m'a permis de comprendre que l'Italie est un pays encore moins mature que la France sur les questions de multiculturalisme. J'ai vécu, adulte, quelque temps à cheval entre Paris et Milan avec mon ex-mari et je cherchais également du travail à la télévision là-bas. On ne m'a proposé que des jobs de *velina*, ces filles à moitié dénudées qui sont dans beaucoup d'émissions de la télévision italienne. Les vélines sont les créatures berlusconiennes par excellence. Ce n'était pas possible pour moi, qui voulais travailler comme journaliste. Et, du fait de ma couleur de peau, si j'ouvrais la porte de mon appartement au technicien de l'électricité, il demandait à voir la maîtresse de maison, car je ne pouvais être à ses yeux que la bonne ! Les stéréotypes sont puissants en Italie.

Mais cela est mineur par rapport à tout ce que l'Italie m'a apporté. L'Italie reste pour moi le pays de la grâce. Je ne saurais pas le qualifier autrement ! Les Italiens ont en partage le goût du beau. La *passeggiata* est une institution italienne que j'adore : on s'habille avec soin en fin de journée pour aller se promener, manger une glace, c'est une sorte de ballet de rue populaire et élégant, coloré et raffiné, qui n'existe pas en France.

Agathe Cagé. – Votre départ, à l'âge de 15 ans, de Rome pour retourner à Yaoundé l'année de votre terminale n'a pas dû être quelque chose d'évident ?

Élizabeth Tchoungui. – Rétrospectivement, ce retour au pays a été une bénédiction. Cette année à Yaoundé a été très importante pour moi, dans ma construction d'adulte. Mais, sur le moment, cela a en effet été violent de devoir retourner au Cameroun alors que j'étais tellement heureuse en Italie. Quand j'ai quitté Rome, mes amis m'ont accompagnée à la gare et, ma mère peut en témoigner, j'ai pleuré non-stop dans le train de Rome à Gênes, pendant cinq heures !

J'ai vécu comme une punition de devoir quitter cette vie, mes amis, de retourner au Cameroun. Ce retour à Yaoundé coïncidait de plus avec la mise à la retraite de mon père, donc avec une chute de train de vie. Moi, j'étais comme beaucoup d'adolescents, je cherchais absolument à rentrer dans le moule. J'enviais mes camarades enfants d'expatriés ou de l'élite camerounaise qui débarquaient en 4x4 avec chauffeur, alors que mon père me déposait dans une vieille voiture pas toujours fiable. Moi qui, en Italie, voulais prendre le bus comme la plupart de mes camarades de lycée par honte d'y arriver en Mercedes avec le chauffeur de l'ambassade…

Tout, au début, a été difficile dans ce retour, le décalage social au lycée français, le fait que je n'avais pas les codes. J'étais partie à l'âge d'entrer en cinquième, enfant, je revenais adolescente. En Italie, je mettais des mini-jupes. Le premier jour où je sors en mini-jupe à Yaoundé, je me fais insulter. La réacclimatation au Cameroun n'a pas été aisée. Heureusement, j'ai tout de suite construit des amitiés très fortes, en retrouvant un ou deux anciens amis et en m'en faisant de nouveaux. Ce qui m'a permis de transformer ce que je percevais dans les premiers temps comme un cauchemar en une année fondatrice. Si je n'étais pas retournée au Cameroun à ce moment-là, j'aurais perdu le lien avec le pays. Les amitiés que j'ai tissées l'année de ma terminale ont nourri mes liens et mon attachement au pays. Ces liens se seraient sinon effilochés. Pour la plupart de mes amis métis, le lien avec le Cameroun s'est rompu à la mort de leur père et ils expriment de la tristesse et de la frustration à ce sujet. Au final, cela a été une très belle année pour moi.

Agathe Cagé. – Vous avez transmis cet attachement au Cameroun à vos deux fils ?

Élizabeth Tchoungui. – Je voulais absolument que mes enfants sachent d'où ils viennent. Il était pour moi inconcevable de ne pas les emmener régulièrement au Cameroun. J'ai même anticipé ! En 2006, avant la naissance de mes fils, j'ai décidé de construire une maison dans un village de pêcheurs camerounais où j'allais, petite, pour pouvoir y amener mes enfants en vacances. Avec mes garçons, on y va deux ou trois fois par an et c'est une expérience formidable pour eux. Leurs copains vivent dans des conditions radicalement différentes de la nôtre. Je veux qu'ils connaissent cette réalité. Je veux qu'ils se sentent Français et Camerounais.

Agathe Cagé. – Ils se sentent également tarnais ?

Élizabeth Tchoungui. – Oui, c'est très important pour moi. On sait mieux où l'on va quand on sait d'où l'on vient. Ce sont nos racines qui nous permettent de nous élever vers le ciel. J'ai beaucoup de mal avec la notion de déracinement. J'emmène mes fils dans la ferme de ma grand-mère maternelle. C'est beaucoup de joie ! J'ai passé tous mes étés avec mes voisins de hameau et aujourd'hui mes enfants jouent avec les leurs.

Je cultive solidement ces racines, dans le Tarn et au Cameroun. Tout individu a un travail de construction identitaire à mener, et je pense que pour les métis ce travail est encore plus important. Quand j'étais petite au Cameroun, on m'appelait Ntangan, « La blanche » en ewondo. Et quand j'arrivais chez ma grand-mère dans le Tarn, à la sortie de la messe le dimanche, les dames me caressaient les cheveux en disant : « Elle est frisée comme un mouton ! » La construction identitaire est plus difficile quand on a une double culture. C'est pour cela que je me suis vraiment attachée à cultiver les deux. Si l'on cultive un côté plus que l'autre, on boite.

Agathe Cagé. – Pourquoi, votre baccalauréat en poche, choisissez-vous la France, plutôt que l'Italie, pour aller faire vos études ?

Élizabeth Tchoungui. – Je n'ai pas eu le choix. Je n'avais évidemment qu'une idée en tête, aller faire mes études à La Sapienza[1] à Rome. Mes parents n'ont pas voulu. J'étais jeune, j'avais 16 ans et mes sœurs habitaient à Paris. Ils ne voulaient pas me larguer dans la nature en Italie. Je me suis retrouvée dans la capitale et cela a été la punition ! Je quittais le cocon, le confort familial et l'acclimatation parisienne a été difficile.

Paris n'est en effet pas Rome. J'ai eu beaucoup de mal à aimer cette ville. Je la trouvais grise et ses habitants odieux. Je vis à cette époque avec ma sœur dans un deux-pièces du côté de Stalingrad. J'enchaîne les jobs d'étudiant. Je poursuis un rêve parallèle, celui d'être mannequin. Je suis alors tiraillée entre une envie de tout miser sur mon physique, vu qu'à ce moment-là on me renvoie l'image d'un physique avenant et que je perçois cela comme le gage d'une vie plus facile, et le socle de l'éducation

1. La Sapienza est l'université publique de Rome et la principale université italienne.

transmis par mes parents qui nous ont élevées avec mes sœurs comme des cerveaux. Tout était possible à leurs yeux avec nos cerveaux, pas avec notre physique ! Ce qui a contribué à faire de mon physique quelque chose qui a toujours été un peu encombrant. Mais je n'ai de toute façon pas la volonté de faire ce que les agences de mannequins me demandent, m'affamer pour perdre 8 kilos.

Puis je décroche un job qui me plaît. J'intègre une agence événementielle d'hôtesses et je me retrouve notamment à placer le public à l'opéra, ce qui me permet d'assister ensuite au spectacle gratuitement. L'opéra, c'était une belle façon de commencer à aimer Paris… J'ai passé ensuite dans cette capitale la plupart de ma vie d'adulte, et j'ai appris à l'aimer, dans toute sa majesté et sa décadence.

Transformer

Agathe Cagé. – Que retenez-vous de votre première année comme présidente déléguée de la Fondation Orange et directrice exécutive Responsabilité sociale et environnementale, Diversité et Solidarité du groupe Orange ?

Élizabeth Tchoungui. – Je me sens bien, car je me sens utile. J'ai la possibilité de bien faire les choses. Je suis heureuse d'avoir pris le risque de changer radicalement de trajectoire professionnelle. Savoir prendre des risques, c'est aussi cela le leadership.

J'aime aussi la dimension pragmatique dans laquelle s'inscrit mon action. J'avais choisi les médias, les documentaires à deux reprises, puis la littérature également, car c'était un moyen pour moi de faire bouger les lignes, de susciter des prises de conscience autour des sujets qui me tiennent à cœur. Mais j'étais dans l'idée, dans l'inspiration. Aujourd'hui, à ce poste, je suis dans l'action et j'aime ça.

C'est pour moi très gratifiant de savoir que les dispositifs que je porte avec mes équipes ont un impact environnemental et social positif. Nous avons une centaine de « Villages Orange » dans les pays d'Afrique où nous opérons : nous y construisons un puits pour que les filles échappent à la corvée de l'eau et puissent aller à l'école, une école, un centre de santé maternelle et infantile, le tout alimenté par des kits solaires. Nous améliorons ainsi les conditions de vie de cinq cent mille personnes !

À travers le continent, près de trois cent cinquante mille écoliers bénéficient de notre programme école numérique : ils apprennent sur des tablettes équipées de contenus pédagogiques. Pour les jeunes adultes, nous avons lancé les Orange Digital Centers, des lieux de formation aux métiers du numérique, qui peuvent aussi accompagner des porteurs de projet et accélérer des start-up. C'est une immense satisfaction de voir ainsi des jeunes trouver un travail directement à la sortie de l'Orange Digital Center, de voir éclore l'univers des possibles.

Un autre programme qui me tient particulièrement à cœur, ce sont nos maisons digitales, réparties dans les vingt-sept pays où nous opérons : des lieux pour insérer ou réinsérer des femmes éloignées de l'emploi, grâce aux outils numériques.

Je suis sensible à toutes ces actions, car, moi aussi, dans ma vie professionnelle, j'ai eu des premières, des secondes, des troisièmes chances, et peut-être même plus encore. Cela veut dire que des personnes ont œuvré, tout au long de ma vie, au Cameroun, en France, comme dans tous les pays où j'ai vécu, pour créer autour de moi un contexte d'entraide, de bienveillance et de solutions. Je pense que c'est exactement ce que mes équipes et moi sommes en train de faire pour les générations présentes et à venir. Les bénéficiaires appelleront peut-être cela « avoir de la chance ». Mais la chance vient avec le travail, la persévérance, la motivation et l'audace. Nous sommes là pour le coup de pouce au bon moment. Pour aligner les planètes !

C'est très gratifiant aussi de pouvoir initier des projets assez rapidement. Neuf mois après mon arrivée au sein du groupe Orange, j'ai réussi à lancer le projet « neuroteam ». C'est un plan d'action pour recruter des personnes neuroatypiques, notamment des personnes qui ont des troubles du spectre autistique. Là encore, c'est une question d'alignement : la Fondation Orange a trente ans d'expérience de l'autisme d'un côté, le groupe Orange fait face à une pénurie de talents dans les métiers de l'intelligence artificielle, de la Data, de la cybersécurité d'un autre côté. On sait que dans ces métiers, certaines personnes ayant un trouble du spectre autistique ont des compétences hors norme. Ce programme « neuroteam » a aussi fortement bénéficié de l'engagement d'une communauté de salariés atypiques. Cela a été une immense satisfaction pour moi.

Agathe Cagé. – Le périmètre de la responsabilité sociale et environnementale de l'entreprise vous laisse une grande marge de manœuvre ?

Élizabeth Tchoungui. – La RSE est en effet une notion assez plastique. En revanche, la gouvernance doit vraiment être structurée, car la RSE doit irriguer tous les processus de l'entreprise. Je suis arrivée au sein du groupe Orange dans ce moment charnière où les sujets avaient été identifiés, mais où il fallait inscrire la RSE au cœur du plan stratégique et construire la gouvernance qui en découle.

J'ai impulsé un programme très structurant en matière de responsabilité environnementale dont au départ personne ne voulait entendre parler. Le groupe Orange a pris l'engagement d'être net zéro carbone en 2040. Cela suppose de réduire nos émissions de CO_2 de 80 %

d'ici à 2040 et, pour les 20 % d'émissions restantes, de séquestrer du carbone, par exemple en implantant des mangroves pour le capter… Cela n'a pas été simple, mais j'ai réussi à vendre l'idée d'un fonds carbone dédié qui ira chercher des projets, notamment dans des pays dans lesquels le groupe est présent. Au départ, personne ne voulait de ce type de fonds dédié, car cela n'avait encore jamais été fait. Le seul équivalent est un fonds Apple, mais qui fonctionne à travers un mécanisme différent. Donc le groupe Orange va être pionnier en la matière, ce qui me correspond bien !

Ce qui a aussi facilité mon intégration dans le monde de l'entreprise, c'est que j'apprécie beaucoup la manière de fonctionner du PDG d'Orange, Stéphane Richard. Outre son charisme et son intelligence rare, il a le respect du collectif dans son exercice du pouvoir, même si c'est bien évidemment lui qui arbitre. C'est une manière de faire qui repose sur la confiance et me convient particulièrement bien. Quand j'ai eu des supérieurs hiérarchiques qui ne laissaient pas de place au dialogue et à l'autonomie, cela a souvent été de mauvaises expériences.

Agathe Cagé. – Comment vous définiriez-vous en tant que manager ?

Élizabeth Tchoungui. – J'adore le travail d'équipe et c'est pour cela que j'ai aimé faire de la télévision. Pour un journaliste, la presse écrite est un métier beaucoup plus solitaire. J'aimais à la télévision l'alchimie collective à créer à chaque fois.

Bien sûr, j'ai douté de ma capacité à être un bon manager en arrivant chez Orange. Mais des amis m'ont incitée à prendre conscience de la forme d'autorité naturelle dont je dispose et à m'en servir. J'essaie aussi de capitaliser sur ce que m'a apporté mon parcours dans l'univers des médias et sur ma spontanéité. La technique du management par le collectif qui est la mienne fonctionne très bien. Chacun a son rôle à jouer dans la partition et doit être célébré pour cela, quelle que soit sa place dans l'organigramme.

Pour mes équipes, j'attache une importance particulière à préserver l'équilibre vie privée/vie professionnelle. Le groupe Orange est assez exemplaire sur ce sujet. Hors comité exécutif et sauf urgence, il y a très peu de réunions après 18 heures. Mais au-delà, prendre en compte la réalité de la charge mentale de mes collaborateurs, leurs impératifs en matière d'organisation est pour moi essentiel. Une de mes proches collaboratrices, qui a deux enfants en bas âge, a été transparente lors de son recrutement. Elle m'a expliqué qu'elle voulait pouvoir aller chercher ses enfants à l'école et s'occuper d'eux en fin de journée, se déconnecter pendant ce temps-là et se reconnecter après. Cela ne me pose aucun problème à partir du moment où le travail est fait et bien fait, et j'ai naturellement adapté mon agenda en ce sens. Je fais tout ce que je peux pour faciliter cela. Je suis très flexible sur l'organisation des uns et des autres, attentive aux temps de déconnexion, à ce qu'apporte également le télétravail pour limiter les temps de transport hebdomadaires. Ce sont vraiment des critères que je prends en considération. C'est d'ailleurs tout autant un enjeu humain que purement professionnel. Un collaborateur épanoui dans sa vie personnelle est plus productif qu'un collaborateur qui ne l'est pas.

Peut-être qu'inconsciemment, j'attache à la qualité de vie au travail de mes collaboratrices et de mes collaborateurs une importance d'autant plus forte que je sais personnellement ce que le challenge de l'équilibre entre vie privée et vie professionnelle représente. J'ai été surprise, à mon arrivée au sein du groupe Orange, de la reconnaissance spécifique dont j'ai bénéficié de la part des femmes un peu partout dans l'entreprise, qui ont salué mon entrée au comité exécutif, d'autant plus marquante à leurs yeux que j'étais une femme ayant déjà eu une belle carrière dans un autre secteur et ayant porté un combat personnel et maternel très dur. J'amène d'ailleurs moi-même aussi la vraie vie au sein du comité exécutif. Pas de réunion le matin de la rentrée scolaire, car ce jour-là j'accompagne mes enfants !

Mais même si Orange est une entreprise parmi les mieux-disantes en matière de diversité, il ne faut pas baisser la garde. Je suis pour l'*affirmative action*, notion que je préfère à celle de discrimination positive, car il y a quelque chose de péjoratif dans cette sémantique qui plombe à mon sens le concept. Pour chaque recrutement, nous devons veiller à ce qu'il y ait 50 % de candidatures féminines. Nous devons aussi avancer sur le sujet de la diversité des origines. Ce n'est pas simple en France, puisque la loi interdit de la mesurer. Cela nous oblige à être volontaristes et créatifs.

Agathe Cagé. – Comment s'organise votre journée type ?

Élizabeth Tchoungui. – C'est celle d'une mère de famille dans un pays où l'organisation générale du foyer, la grande majorité des tâches domestiques, reposent trop souvent encore sur les femmes, quelles que soient les responsabilités qu'elles occupent dans le monde professionnel. Cela se matérialise par énormément de choses. Un enfant qui a un problème à l'école, bien que l'école ait les coordonnées des deux parents, c'est toujours la mère qu'elle appelle en premier. Combien de fois m'a-t-on appelée alors que j'étais à l'étranger pour le travail ! Quand on gère cette charge mentale, on se retrouve parfois à des réunions parasitées par des questions organisationnelles, alors que les hommes qui n'ont pas à l'assumer peuvent être à 100 %. Par exemple, à titre personnel, les jeudis, de 16 heures à 17 heures, je travaille sur mes dossiers, mais évite d'être en réunion pour monitorer le trajet de mon fils Alexandre qui rentre seul en bus après sa séance d'orthophonie. C'est tout nouveau, ces trajets seuls. C'est surtout moi que cela rassure !

Le partage de la charge mentale reste malheureusement encore un sujet majeur aujourd'hui. Il y a aussi une réalité taboue en 2021 bien que prégnante : une jeune femme qui a de grandes ambitions professionnelles doit choisir correctement son partenaire. Elle doit choisir un partenaire qui la valorise, pas qui la tire vers le bas, qui lui offre une tranquillité d'esprit, qui participe pleinement aux tâches parentales et domestiques, pas juste changer trois couches et descendre la poubelle, qui prenne sa part de charge mentale. Un *sparring partner* qui saura accepter son ambition. Or, il ne faut pas se mentir sur le fait que beaucoup d'hommes ne supportent toujours pas que leur femme gagne plus qu'eux ou ait une carrière plus prestigieuse que la leur. Elle doit également choisir un partenaire qui saura mettre à un moment donné ses propres ambitions entre parenthèses.

Je me souviens d'une tribune publiée en juillet 2012 dans *The Atlantic* par Anne-Marie Slaughter, qui avait démissionné de son poste de directrice de la Planification politique du département d'État américain où elle travaillait avec Hillary Clinton pendant le premier mandat présidentiel de Barack Obama. Elle écrivait, alors qu'elle avait 53 ans et deux adolescents : « Je reste fermement convaincue que les femmes peuvent "tout avoir" (et que les hommes le peuvent aussi). Je crois que nous pouvons "tout avoir en même temps". Mais pas aujourd'hui, pas avec le fonctionnement actuel de l'économie et de la société américaines[1]. » Son texte avait fait grand bruit. Elle y expliquait son choix de démissionner après avoir consacré 90 % de son temps à sa carrière. Elle avait envie de s'occuper de ses enfants adolescents et d'en profiter. Elle pointait le piège de passer à côté de sa famille.

Je suis assez en phase avec son approche. Nous pouvons tout avoir, mais pas en même temps. Dans une vie idéale, les choses devraient se passer différemment. Or, la maternité reste encore un piège dans la vie professionnelle de beaucoup de femmes. Aujourd'hui, l'âge moyen du premier enfant coïncide avec le moment où il faut accélérer dans la carrière et le fossé se creuse entre les hommes et les femmes, car rien n'est véritablement

1. « I still strongly believe that women can "have it all" (and that men can too). I believe that we can "have it all at the same time". But not today, not with the way America's economy and society are currently structured. »

prévu pour combattre ce fossé dans le monde de l'entreprise. Une maternité, une grossesse, ce sont des périodes éreintantes pour les femmes. Les nuits qui suivent un accouchement, celles des premières semaines d'un nouveau-né, c'est épuisant. Un enfant, ce sont dix-huit mois où une femme ne peut pas être à 100 %. J'en veux un peu à ces femmes ministres qui prennent leur congé maternité trois jours avant leur accouchement et se présentent deux jours plus tard en conseil des ministres fraîches comme des roses. Cette image de *superwoman* est un leurre.

C'est pour cela qu'il faudrait à mon sens que le monde de l'entreprise puisse accepter, sans la freiner dans sa carrière, que pendant dix-huit mois une collaboratrice ne soit pas à 100 %, car la réalité c'est qu'après elle va revenir à 200 %. Il y a beaucoup d'injustices autour de cela. Les jeunes femmes qui se projettent dans une carrière ambitieuse ne peuvent pas ignorer ces questions. Elles doivent les anticiper pour ne pas subir certaines difficultés de plein fouet.

Agathe Cagé. – Au-delà des transformations que vous pouvez conduire par votre action professionnelle, vous vous êtes engagée pour plus de diversité au Centre national du cinéma et au sein du Club XXIe siècle. Vous avez été administratrice de l'ONG Action contre la faim. Vous avez, sous la forme d'un récit et d'un documentaire, réalisé des plaidoyers marquants pour une société plus inclusive avec les personnes souffrant d'un trouble du spectre autistique. Ces engagements ne vous ont-ils pas donné l'envie de vous investir directement dans l'action publique, dans un combat politique ?

Élizabeth Tchoungui. – Je suis très bien chez Orange, merci ! Après seulement une année passée comme directrice exécutive au sein du groupe et à la tête de la Fondation, je ne me projette absolument pas dans l'après. Deux amis m'ont dit, au moment où j'ai été nommée chez Orange : « Maintenant, Élizabeth, tu es ministrable. » Ce à quoi j'ai immédiatement répondu : « Tout doux bijou ! » Même si j'ai été approchée, sondée en vue de la campagne présidentielle qui s'annonce, je ne me projette pas du tout à court terme dans le monde politique.

Bien sûr, le combat politique est, pour moi, quelque chose qui résonne dans l'absolu. Je n'ai rien perdu de ma volonté d'alerter sur les problèmes de société graves et de pousser pour que des transformations profondes s'opèrent, pour que les politiques publiques résolvent ces problèmes. Une carrière politique, ce serait sans doute aussi pour moi, d'une certaine façon, une manière de prolonger la trajectoire familiale, de boucler le parcours paternel alors que mon père, « L'insaisissable », n'a pas pu, du fait des hauts et bas de sa carrière, prétendre aux responsabilités politiques auxquelles il aurait pu aspirer au Cameroun. Mon père méritait d'avoir un destin politique national. Il aurait pu être ministre. Il aurait pu prétendre à la présidence du Cameroun. Il a, au lieu de cela, été mis à l'écart, il y a eu beaucoup d'injustices, de violence. Sa longue traversée du désert a eu des conséquences pour toute la famille. En m'engageant en politique, je pourrais par mon action prolonger son destin d'exception.

Mais aujourd'hui, je ne veux pas emprunter cette voie, car c'est au sein de l'entreprise que je sers que je me sens la plus utile. Et j'ai aussi pleinement conscience que le combat politique abîme, peut abîmer. J'ai mené des combats personnels suffisamment difficiles ces dernières années. Je n'ai pas envie de retourner au front de sitôt. Je ne me sens pas suffisamment prête même si, petit à petit, comme tout le monde, je construis mon armure, je me prépare à ces mouvements de balancier inhérents à l'existence.

Agathe Cagé. – Vous ne fermez pas la porte, dans quelques années, à la tentation du politique. Vous auriez envie de vous lancer dans cette aventure plutôt en France ou plutôt au Cameroun ?

Élizabeth Tchoungui. – C'est d'abord pour moi important de le redire : c'est aujourd'hui au sein de l'entreprise que je sers que je me sens la plus utile. Je pense par ailleurs qu'il y a deux catégories de personnalités politiques, celles qui ont l'ivresse du pouvoir, ce que je n'ai pas, et celles que la politique, le moment, choisissent, qui portent en elles les germes de l'action publique que les circonstances font à un moment éclore. C'est le cas des plus grands. Ce ne sont pas eux qui choisissent la politique, c'est la politique qui les choisit. De Gaulle, en 1940, n'aspirait pas un seul instant à devenir président de la République… Il y a, ou il n'y a pas, conjonction astrale.

Sur la France ou le Cameroun, je crois tout autant au combat politique en Afrique qu'en France. Même si l'action publique est aujourd'hui faite, en France, d'un nombre de contraintes excessif. Les contraintes réglementaires, les obligations européennes, la sanction immédiate des réseaux sociaux, le feu permanent des projecteurs et de la transparence absolue… Progresser dans la moralisation de la vie publique est indispensable, c'est une évidence. Mais il y a des excès. Je ne vois, par exemple, pas le sens de devoir se justifier sur un patrimoine. On peut avoir un patrimoine de plusieurs millions d'euros et être un très bon dirigeant, soucieux de l'intérêt commun. Pour moi, les deux ne sont pas incompatibles. Malheureusement, en France, les moyens de l'action publique se réduisent de plus en plus. Les budgets s'appauvrissent, les marges de manœuvre aussi. Pour faire de la politique aujourd'hui en France, je pense qu'il faut avoir un ego bien dimensionné.

En Afrique, le champ d'action m'apparaît immense. Il y a tellement de choses à changer… Il y a des latitudes, les pressions des bailleurs de fonds internationaux n'empêchent pas de conserver des marges de manœuvre. La mobilisation du secteur privé peut également permettre de faire avancer des projets. Il y a, à mon sens, plus de possibilités de changer les choses par l'action publique en Afrique qu'en France à l'heure actuelle.

Agathe Cagé. – Certaines rencontres que vous avez faites, certains événements auxquels vous avez participé vous ont-ils donné plus que d'autres le goût du combat politique ?

Élizabeth Tchoungui. – J'ai eu l'honneur d'être en avril 2018 la marraine de la Journée nationale des diasporas africaines. J'y ai prononcé, à ce titre, pour la première fois, un discours. C'était à l'hôtel de ville de Bordeaux, en présence notamment d'Alain Juppé, qui était maire à l'époque. J'ai prononcé ce discours dans la salle du conseil municipal et, dans ce contexte solennel et républicain, je me suis trouvée étonnamment à ma place. Pour une fois, il n'y a pas eu en moi une seule once de syndrome de l'imposteur. J'ai pris plaisir à faire ce discours, j'ai senti que je captais l'auditoire... Donc je sais aujourd'hui que j'ai cette capacité qui peut être très utile si un jour je me lance en politique.

Surtout, j'ai pris conscience à ce moment-là de la force de ma capacité de conviction et de mobilisation sur les sujets qui me tiennent à cœur. Pour faire ce discours, je suis partie de l'histoire de ma mère, de l'histoire de mon père, de sa scolarité suivie adolescent au lycée Montaigne à Bordeaux. Il y a des combats à mener, des injustices à réparer au regard desquels la conjonction astrale fera peut-être qu'un jour je me dirai « c'est ma responsabilité d'y aller ». Jusqu'à présent, la littérature, le documentaire, le militantisme associatif et maintenant l'activisme d'entreprise ont comblé mon désir d'engagement.

Ma raison d'être et d'agir, dans tout cela, ce sont mes enfants. J'ai deux garçons et je veux qu'ils deviennent des hommes féministes. Je souhaite pouvoir être, par mes engagements, par mon action, un modèle pour eux. Parfois, quand je rentre un peu tard, je crains qu'ils se disent que leur maman travaille trop et qu'elle les retrouve encore trop tard. Mais je sais aussi que je leur renvoie l'image d'une mère, d'une femme investie dans un travail qu'elle aime, avec de hautes responsabilités, avec du pouvoir. Les actes valent parfois mieux que mille discours.

ÉLIZABETH TCHOUNGUI

Cette année, le jour de la rentrée des classes, mon fils Raphaël, 8 ans, a rempli une fiche sur laquelle lui était demandé en quoi son papa et en quoi sa maman étaient doués. Pour sa maman il a mis « écrire et aider les autres ». C'est ma plus belle récompense. Et j'imagine les tontons du Cameroun, le soir de la palabre au village, à Ebayega, s'exclamer : « Hun hun, l'enfant-là a bien parlé ! Le fils de quelqu'une ! »

Table des matières

Pour limiter l'empreinte environnementale
de leurs livres, les éditions de l'Aube
font le choix de papiers issus de forêts
durablement gérées et de sources contrôlées.

Achevé d'imprimer en décembre 2021
sur les presses de l'imprimerie New Print
pour le compte des éditions de l'Aube
331, rue Amédée-Giniès, F-84240 La Tour d'Aigues

Numéro d'édition : 4690
Dépôt légal : janvier 2022

Imprimé dans l'Union européenne